W0386310

Brunhilde Heinrich

Wann ist denn Nacht?

Bibliografische Information der Deutschen Bibliothek:
Die Deutsche Bibliothek verzeichnet diese Publikation in der
Deutschen Nationalbibliothek;
detaillierte bibliografische Daten sind im Internet über http://dnb.ddb.de abrufbar

Hottenstein Buchverlag
Sibbesse
An der Höhe 15, D-31079 Sibbesse
Tel. 05065-1781, Fax. 05065-1824
www.hottenstein.de
verlag@hottenstein.de

ISBN: 978-3-935928-29-8

Einbandgestaltung: Wulf Köhn
Lektorat: Ursula Köhn
Bearbeitung und Satz: Wulf Köhn

Fotos aus Familienbesitz

3. Auflage 2017

Printed in EU

Brunhilde Heinrich

Wann ist denn Nacht?

Erinnerungen

Hottenstein Buchverlag

Für Daniel,
meine Familie
und alle anderen Menschen, die in unserem Leben
eine wichtige Rolle gespielt haben.

Orgelspiel

Woltershausen, Sonntag, den 14. Oktober 2007, St. Marienkirche

Sie kamen alle!
Warum?
Es war *euer* Festtag!
Konfirmation vor 25 Jahren!
Grund zu danken!
Euer Gedenktag zur Rückschau!

Mein lieber Daniel!
Es ist auch *mein* Tag des Rückerinnerns. Ich sitze in der Kirchenbank inmitten von Gemeindemitgliedern, mit denen wir über sechzehn Jahre zusammen wohnten und lebten.
Das ist schon lange her, aber ich kehre immer wieder gern an den Ort zurück, an dem unsere Familie eine sehr glückliche Zeit erlebt hat. Eine Zeit, in der auch die meisten *deiner* ältesten Erinnerungen geprägt wurden – und die Woltershäuser Kirche, in der dein Vater 16 Jahre lang Pastor war, gehört ohne Zweifel dazu.
Immer weiter gehen meine Erinnerungen zurück, während die Orgel über unseren Köpfen brausend das Eingangslied dieses Sonntagmorgens spielt. Mit der Gemeindepastorin an der Spitze kommt ihr silbernen Konfirmanden durch den Mittelgang der Kirche.
Für dich sind es sogar 26 Jahre her, denn zu dieser silbernen Konfirmation wurden zwei Jahrgänge zusammengefasst.
Ich sehe Vati mit euch vor 26 Jahren und dich unter den neun Jungen und Mädchen. Du warst nicht der Jüngste, aber der Kleinste – neben deiner Freundin Katja! Sie ist heute nicht dabei. Warum wohl? Noch einer ist nicht mehr dabei: dein Vater, denn er kann diesen Tag nicht mehr miterleben.

Wie viele Male habe ich solch einen feierlichen Einzug mit einem unserer Kinder erlebt?
Immer waren es Gefühle des Glücks und der Dankbarkeit für unsere große Familie, für euren Vater, der uns in der Unruhe des Alltags mit seiner tiefen Gläubigkeit Sicherheit gab.
„*Nun danket alle Gott…*“, spielt die Orgel, und ich komme aus der Vergangenheit zurück. Ihr ordnet euch jetzt im Chorraum, eine Gruppe von inzwischen gestandenen Familienvätern und Müttern, mit dir, dem immer noch kleinsten Mann unter ihnen. Aber das spielt heute keine Rolle mehr. Souverän bewegst du dich unter ihnen. Man sieht dir an, dass du als Kirchenmusiker zwischen Kirchenmauern gewissermaßen zu Hause bist. Ebenfalls ein gestandener Mann, wenn auch noch ohne eigene Frau und Kinder.

Konfirmation 1981 in Woltershausen.
Im Hintergrund sein Vater, Pastor Christian Heinrich

Daniel zur Konfirmation 1981 in Woltershausen

Die Liturgie dieses besonderen Sonntags lässt mich zwar mitsingen und respondieren, aber meine Gedanken schweifen wieder ab. Daniel, unser kleiner Daniel, ich habe dich so deutlich vor Augen, wie du dich hier im Woltershäuser Pfarrhaus und -garten fröhlich tummeltest. Wir hatten heute Morgen keine Gelegenheit mehr, hinüberzugehen und uns umzuschauen, wo so viele Spuren von uns, jetzt, nach all den Jahren sicher versunken sein werden. Schade eigentlich! Aber auch Vergänglichkeit gehört zum Leben.

„*In dir ist Freude...*“, dringt ein kräftiger sonorer Gesang, ohne die Kinderstimmen von einst, an mein Ohr. Aber die Erinnerung trägt mich wieder fort, und ich stelle mich willig der Vergangenheit. Woltershausen war immerhin unser längster Arbeitsplatz. Ich sehe tobende Kinder im Pfarrgarten, Kinderfeste, Familienfeiern und Hochzeiten. Es bot sich an, mit Vati als „hauseigenem“ Pastor. Anfangs warst du – wie ein Kirchendiener – des Küsters „Läutehilfe“, denn der schaltete dir die Glocken nicht sensibel genug nacheinander ein, damit sie wirklich stimmig waren. Schon damals wurde dein ungewöhnlich starkes musikalisches Empfinden deutlich.

Am schulfreien Samstag erweitertest du dann deine Hilfsdienste, indem du Gesangbücher in die Kirchenbänke legtest und, wie wir so ganz nebenbei erfuhren, von der Kanzel herunter kleine Ansprachen an die nicht vorhandene Gemeinde probtest.

Die Pastorin hält eine lebensnahe gute Predigt, ich aber bin weit weg, bei einem unserer Weihnachtsgottesdienste. Ein Lächeln überkommt mich, das ich schnell mit der Hand verdecke.

Du warst kurz vor dem Abitur und bereitetest dein Kirchenmusikstudium vor, indem du privat Unterricht in Theorie erhieltest und auch schon mal einige Orgelstunden in der Praxis bekamst.

„Daniel“, fragte dich Vati deshalb hoffnungsvoll, „uns fehlt für den Heiligabend-Gottesdienst die Organistin, glaubst du, dass du vielleicht schon spielen kannst?“

Und du bemühtest dich, den Stolz über sein Ansinnen mit der lässigen Antwort: „Ich versuche mein Bestes!“ zu verbergen.

Tagelang – nein, spätabends war ja immer deine beste Übungszeit – verschwandest du in der Kirche. Der Ehrgeiz hatte dich gepackt, deinen ersten öffentlichen Auftritt so perfekt wie möglich vorzubereiten.

Da du immer gern alle Register zogst, um gewaltige Orgeltöne hervorzubringen, die von der Abendstille weit in die Gegend getragen wurden, fragten wir die nächsten Nachbarn, den Kirchenvorsteher und seine Familie, ob sie es als ruhestörend empfänden?

„Oh nein! Wenn uns die Orgelklänge wirklich wecken, können wir uns vorstellen, wie schön es einmal im Himmel sein wird!“

Aber zurück zu deinem ersten offiziellen Auftritt am Christabend.

„Bist du bereit, mein Sohn?“

„Ja!“

Und dann sah ich euch durch den Garten zur Kirche hinübergehen, du an Vaters Seite, um gemeinsam mit ihm einen Weihnachtsgottesdienst zu gestalten.

Wie die Zeit vergeht! Ich war soo stolz! Allerdings ernüchterte mich dein großer Bruder Karl mit der Feststellung: „Wenigstens raschelt Daniel nicht mit den Notenblättern, und ein Buch kann auch nicht zu Boden poltern, weil er beides nicht braucht!“

Plötzlich beunruhigte mich der Gedanke, dass du Lampenfieber haben könntest. Angespannt saß ich in der Bank. Die Kirche war, wie immer zu Weihnachten, übervoll.

Nach einigen einleitenden Tönen intoniertest du das schöne Weihnachtslied *„Fröhlich soll mein Herze springen ...“*

Die Gemeinde fiel ein. Du hattest gut geübt, brauchtest in der Tat keine Noten, übernahmst die Führung des Gesangs. Aber schon nach zwei Verszeilen gerieten wir alle außer Atem und blieben schließlich ganz auf der Strecke. Gekonnt eiltest du durch sechs Strophen des fröhlichen Liedes und endetest mit einem kräftigen Akkord – aber allein! Nachdem Vati seine Gesichtszüge wieder unter Kontrolle hatte – in seinen Augenwinkeln hatte es belustigt gezuckt –, bat er: „So ein frohes Lied musst du noch einmal spielen, Daniel, und bitte ganz langsam, dann singen wir alle mit!"
Ja, so war es! So war dein Vater und so warst du!

„Ein Schiff, das sich Gemeinde nennt ..." Ich singe mit, bin wieder in der Gegenwart dieses Herbsttages, dem Konfirmationsgedächtnistag.
Vor der Kirche dann die lockere Begrüßung unter euch „Jubilaren" – Fragen, Suchen in den Gesichtern, Erkennen. Mit dir haben sie die wenigste Mühe, Daniel!
Auch ich unterhalte mich hier und da und begrüße alte Bekannte aus der Gemeinde.
Dieser schöne Tag ist aber noch nicht zu Ende.
Am frühen Abend gestaltest du mit zwei Sängerinnen ein Konzert. Schon zum dritten Mal findet hier in Woltershausen eines von dir statt, in deiner Heimat vieler Kindheitsjahre. Es ist ein Geschenk für mich, aus Anlass eurer silbernen Konfirmation. Ich genieße beides voller Stolz.
Im Vorfeld beteilige ich mich aber auch immer an den rein praktischen Vorbereitungen, indem ich eine Vielzahl an persönlichen Einladungen schreibe (ohne „Klappern" geht es nun mal nicht!) und indem ich für einen kleinen Imbiss zwischendurch sorge. Auch für mich ist das Besondere in Woltershausen das Heimatgefühl früherer Jahre, als wir noch hierher gehörten. Ein ganz klein wenig schaue ich traurig hinüber auf das ehemalige Pfarr-

Plakat zum Herbstkonzert 2007
anlässlich der silbernen Konfirmation in Woltershausen

haus mit dem Gemeindesaal. Beides war für uns über sechzehn Jahre lang ein Ort reger Aktivitäten. Nun ist das Haus verkauft! Ein neuer, kleinerer, gut eingerichteter Gemeindesaal ist an das unter Denkmalschutz stehende Küsterhaus herangebaut worden. Wenigstens im Letzteren finden wir beide noch Wurzeln von damals, als du über eine hohe Türschwelle stolperst und dich erinnerst, wie dir das auch damals immer mal wieder passierte, wenn du den Küster Henze und seine Frau besuchtest. Dabei fandest du heraus, dass man auf der hohen Schwelle herrlich „reiten" konnte, während du den Geschichten und Anekdoten von Opa Henze lauschtest. Schade! Nun ist die Stufe nur noch an einer Seite hoch, auf der anderen ist die Fußbodenhöhe angepasst worden. Vieles ist schade, doch Veränderungen gehören nun mal in unser aller Leben.
Trotz dieses „weisen" Gedankens stehe ich dann in der kleinen Teeküche vor dem offenen Küchenschrank und stoße einen kleinen Schrei der Wiedersehensfreude aus! Da steht doch tatsächlich noch das Kaffeegeschirr, das ich vor vielen, vielen Jahren einmal angeschafft habe! Beinahe noch vollständig! Es ist also in der Tat eine „gute Scherbe", wie man mir damals beim Kauf versichert hatte!

Kaffeezeit! Die Gäste kommen schon vereinzelt. Wiedersehensfreude bei kurzen Gesprächen, Vorfreude auf das Konzert. Nur für wenige Augenblicke stehst du an meiner Seite, um Ankommende zu begrüßen, dann musst du dich noch mit den beiden Sängerinnen um die Technik kümmern.
Ich stehe wie verloren da, trauere, dass es so sein muss, und lächele doch gleichzeitig wieder dem nächsten Gast ein Willkommen entgegen.
Mein Sohn, du machst dir so viel Mühe mit allen Vorbereitungen! Ich höre, wie ihr euch in einem Nebenraum des Gemeinde-

hauses „einsingt". Ganz warm wird mir, als ich deine gut geschulte Stimme höre. Daran hast du viele Jahre gearbeitet, in aller Stille, bis du mich eines Tages mit einem Solopart im Weihnachtsoratorium überraschtest. Wenn das dein Vater noch erlebt hätte!

Aber jetzt muss ich mich der Gegenwart stellen. Die Gäste strömen herbei. Voll Freude begrüße ich alle. Die Kirche füllt sich, und mein Sorgen und Bangen darum ist nicht mehr nötig. Eigentlich war es bis jetzt immer so.

Deine Konzerte versprechen neben dem Kunstgenuss manchmal auch noch eine unangekündigte Überraschung. So ist es auch heute, und ich schäme mich nicht der Tränen, die mir bei Vatis Lied, dessen Text er gedichtet hat und dessen Melodie von dir komponiert wurde, in die Augen steigen. Jetzt eben habt ihr die Verse mit deiner Klavierbegleitung im Wechsel drei- und einstimmig gesungen. Danke Daniel! Auch die Zuhörer können sich dieses so besonderen Augenblicks der Ergriffenheit nicht erwehren.[1]

Mit stehendem anhaltendem Applaus werdet ihr geehrt! Ich bin glücklich, dankbar, stolz!

Vor der Kirche fragt jemand nach meinem nächsten Buch.

„Es gibt kein neues mehr, ich habe nichts mehr zu schreiben!", antworte ich, ohne groß nachzudenken, denn eigentlich habe ich all die Erinnerungen über unser erfülltes Leben bereits zu Papier gebracht.[2]

---

1 Noten und Text dieses Liedes sind im Buch „Mein linker Platz ist leer" komplett abgedruckt. Siehe auch Hinweis Seite 192.

2 Die bisher erschienenen Bücher von Brunhilde Heinrich sind auf den Seiten 189 bis 192 vorgestellt.

Aber da merke ich auch schon, dass das nicht den Tatsachen entspricht. Wohin hatten mich gerade Orgelklänge, Gesang und die Festtagsliturgie abschweifen lassen?
Daniel, deine Lebensgeschichte sollte einmal in einem Buch zusammengefasst werden, denke ich. Es könnte sein, dass du eines Tages viele Fragen zu Ereignissen haben wirst, die in deiner eigenen Erinnerung bereits verblasst sind. Vielleicht kann ich dich mit der meinigen unterstützen. Doch bitte denke daran: Es sind *meine* eigenen subjektiven Eindrücke. Sie werden manchmal von den deinen abweichen, denn jeder Mensch sieht seine Umwelt anders – wenn man das in deinem Fall auch so sagen darf.
An deine allerersten Lebenswochen kannst du dich ohnehin nicht mehr erinnern. Mir sind sie aber umso deutlicher im Gedächtnis geblieben.

Daniel und Brunhilde Heinrich, 2003

Taiwan – eine andere Welt

Ich werde den 12. Juli 1968 nie vergessen. Vati und ich waren damals mit Familie im Auftrag der Hildesheimer Blindenmission in Taiwan.[3]

Eigentlich war unsere Familie zu diesem Zeitpunkt nicht komplett. Unsere Älteste, die 20 Jahre alte Edeltraud, war in Deutschland geblieben, um ihre Ausbildung als Krankenschwester zu beenden, und die zwölfjährige Friederike, genannt „Mucke", war nach Deutschland zurückgekehrt, um ein deutsches Internat zu besuchen. Lediglich der inzwischen neunjährige Karl und der fünf Jahre alte Stephan waren bei uns.

Der Tag begann ganz normal. Ich war zur Einweihungsfeier eines Blindenzentrums eingeladen, hatte in Vertretung für Vati, der irgendwo auf der Insel auf Dienstreise war, bei dem Festakt ein paar Worte auf Chinesisch zu sagen und war entsprechend nervös. Karl und Stephan machten mir Mut: „So schlimm ist es doch nicht, Mutti. Wir bleiben dicht an deiner Seite!" Lieb meinten sie das, aber reden würde ich dennoch allein müssen.

Es waren viele Gäste da. Man sprach hier ein paar Worte, fragte da etwas. Mit Bedacht suchte ich mir englisch sprechende Gesprächspartner oder gleich Amerikaner aus.

Dann wurde ich plötzlich gesucht. Madame Smith, eine amerikanische Offiziersgattin, fragte aufgeregt nach mir, fand mich und legte mir ein Paket in die Arme – nein, ein Bündel schmutziger Lumpen!

„Helfen Sie, dass es nicht stirbt!"

Erschrocken schlug ich die Schmuddeltücher auseinander und erblickte ein winziges Baby, nackt und bloß und so bewegungslos, als sei es schon gestorben. Es war nur ein Federgewicht, des-

3 Siehe auch „Moskitos sind Mücken auf Deutsch".

sen leichte Wärme sich in diesem Augenblick durch die Stofffetzen auf meinen Arm übertrug, und doch spürte ich schon die Last der Verantwortung, die da auf mich zukam. Erschüttert antwortete ich der Lady: „Nein, es darf nicht sterben!“, schickte aber gleichzeitig ein Stoßgebet zum Himmel: „Lieber Gott, hilf uns!“

Schwester Else, eine deutsche Missionsschwester, gottesfürchtig und fromm, die sich aber den Blick für die Realität im oft sehr harten Alltag einer Missionsstation bewahrt hatte, flüsterte mir zu: „Ich fürchte, da kann auch unser Herrgott nicht mehr helfen!“

Erschrocken drückte ich das Bündel an mich, beugte mich zu meinen beiden Jungen hinunter: „Wollt ihr sehen, was ich da habe?“

Ohne zunächst hinzuschauen, riefen beide fast gleichzeitig: „Ein Kind! Ein Baby! Wir wollten doch immer noch eins haben! Mutti nehmen wir das mit nach Hause?“

Mit wehem Herzen dachte ich: „Das ist kein Kind, kein Baby! Nur ein trauriger Winzling!“

Die Amerikanerin stand etwas unsicher da, wusste nicht, wie sie es sagen sollte, dass sie das Kind nicht selbst nehmen konnte, denn sie war nur vorübergehend in Taiwan. Ich kannte ihre Situation und ahnte, dass wir ein Problem bekommen würden.

Als sie aber ihre vermeintlich gute Idee aussprach: „Vielleicht könnte man in der Blindenschule einen Platz finden?“, drückte ich das kleine Wesen erschrocken an mich. „Keine gute Idee!“, stieß ich hervor. „Wir nehmen es mit zu uns nach Hause. Aber zuerst suchen wir unseren Hausarzt auf, denn ich bin nicht sicher, ob dieses kleine, fast verhungerte und total ausgetrocknete Menschenkind überhaupt lebensfähig ist. Warum ist es in diesem schlechten Zustand?“

Mrs. Smith begann zu erzählen, doch ich hatte keine Geduld zuzuhören, wollte so schnell wie möglich, den Doktor konsultie-

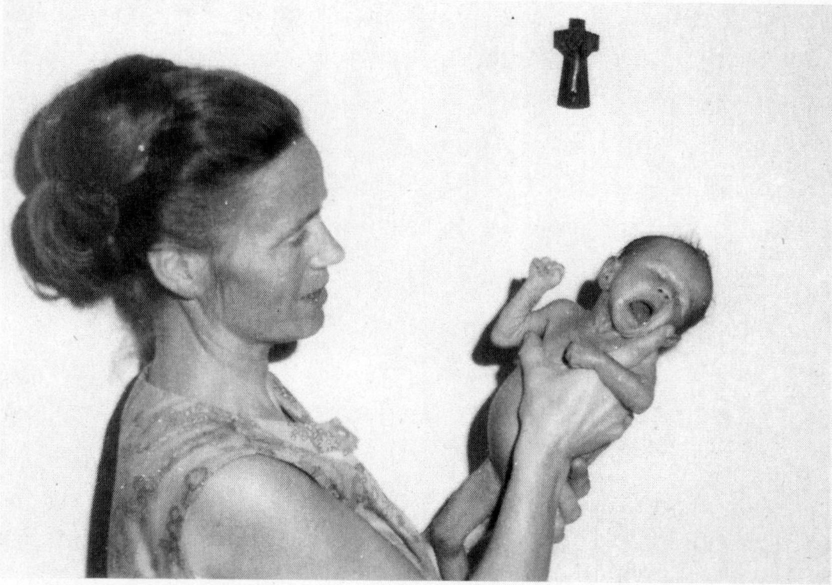

„Nur ein trauriger Winzling“, 12. Juli 1968

ren. Wir verabredeten uns auf den Abend, da wollte sie uns aufsuchen.

Eilig verließ ich das Blindenzentrum, die beiden Jungen im „Schlepptau“. Sie hatten plötzlich ebensolche Sorge und Eile wie ich, fragten nichts, hasteten nur hinter mir her. Vergessen waren die Worte, die ich zu den versammelten Gästen sagen sollte. Schwester Else bot sich an, es an meiner Stelle zu tun. Das konnte man in China machen, ohne das Protokoll durcheinanderzubringen. In diesem Fall wäre es mir aber auch egal gewesen!

Der Arzt war ebenso erschüttert wie wir, untersuchte aber sehr sorgfältig. Er schätzte den kleinen ausgehungerten und dehydrierten Jungen auf etwa drei Wochen. Der Allgemeinzustand ließ wenig Hoffnung auf ein Überleben zu.

„Keine Augen!“, sagte er. „Das heißt, es sind keine Augäpfel da! Das bedeutet, dieses Kindchen, wenn es denn überlebt, wird sein Leben lang blind bleiben!“

Das mit der lebenslangen Blindheit drang nicht in mein Bewusstsein, wohl aber des Doktors Worte: „...wenn es denn überlebt...“ Da klang beängstigend viel Zweifel in seiner Stimme mit.

Und ich fragte: „Was können *wir* tun?“

Die Jungen sagten wie aus einem Mund: „Wir beten!“

„Ja“, erwiderte der Arzt ernst, „das ist ein sehr wichtiger Teil! Den anderen aber muss eure Mama übernehmen: ganz vorsichtig die fehlende Flüssigkeit in dem ausgedörrten Körperchen auffüllen.“

Ich schaute ihn hilflos an: „Wie denn? Das Baby zeigt keinerlei Regung. Es ist zu schwach zum Saugen.“

Ich bekam eine Pipette von ihm. Damit sollten wir tropfenweise abgekochtes Wasser auf die Lippen oder die Zunge tropfen – wieder und wieder.

„Wenn er das annimmt, wird er es schaffen!“, sagte der Doktor und gab uns ein sorgenvolles „God bless you!“, mit auf den Weg.

Zu Hause waren schon hilfreiche Hände am Werk. Da stand ein Bambuswagen bereit, amerikanische Windeln von Mrs. Smith, Baby-Pflege-Mittel, eine Baby-Waage und ein höherer Dollar-Schein für weitere Anschaffungen. Über die Babyflaschen konnte ich nur müde lächeln.

Die Amah, unser Hausmädchen, bereitete das abgekochte Wasser vor, und ich machte mich unter den wachsamen Augen der Jungen und dem sorgenvollen Blick von Schwester Else an das „Füttern“. Der kleine Mund war lautlos aufgerissen, dann mal wieder zusammengepresst, dass die kostbaren Tropfen auf den Lippen hängen blieben. Als wir das nackte Körperchen auf die

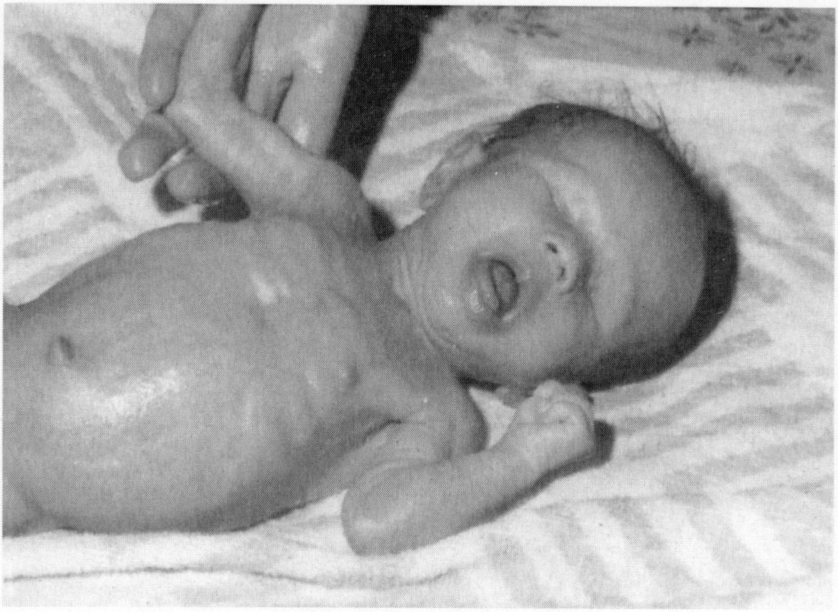

Fast keine Überlebenschance

Waage legten, seufzten wir beklommen. Drei knappe Pfund bei einem nun fast vier Wochen alten Baby!

„Wie die Brote, die Mutti immer backt", sagte Karl voller Staunen. Die wurden immer genau abgewogen, damit sie in die Formen passten.

Stephan fragte: „Sind alle Babys so furchtbar klein?", und ganz leise hinterher: „Und so furchtbar hässlich?"

Wir hüllten das kleine Etwas in eine warme Kuscheldecke. Stephan und Karl hatten den Kleinen erst hier zu Hause in seiner ganzen Erbärmlichkeit gesehen und zweifelten nun doch, ob ihr Beten ausreichen würde. Aber was konnten sie sonst tun?

Ich konnte mich der Tränen nicht erwehren und sehnte unseren Vater herbei. Er war telefonisch nicht zu erreichen, um ihm die

Neuigkeit zu erzählen. Die Jungen saßen in einer Zimmerecke und debattieren leise über eine wichtige Sache, wie mir schien, und da kamen sie auch schon mit dem Ergebnis heraus.
„Wie heißt das Baby eigentlich?"
Das war mir noch gar nicht wichtig gewesen. Aber die Jungen hatten recht.
„Wie wollen wir ihn denn nennen?", fragte ich.
„Vati will ihn bestimmt taufen!", sagten sie. „Kann er nicht so lange Freitag heißen, weil doch heute Freitag ist?"
Ich nickte, ohne dass mich ihr Anliegen sonderlich interessierte. Viel mehr sorgte ich mich, ob das ausgezehrte Körperchen schon geistigen Schaden genommen hatte! Das starke Austrocknen barg diese Gefahr! Ich hatte Angst!
Abends kam die Amerikanerin und berichtete, was sie im Waisenhaus, dem sie einen Good-Will-Besuch abgestattet hatte, erlebt und sich daraufhin entschlossen hatte, den Säugling dort wegzuholen und ihn zu uns zu bringen. Sie hatte ihn in seinem Bettchen gesehen und erschrocken nach seiner Krankheit gefragt.
„Oh nein!", bedeutete man ihr, „keine Krankheit! Er ist nur blind! Kümmern Sie sich nicht um ihn, er wird bald sterben! Er hat keine Zukunft!"
„Doch, die hat er! Ich bringe ihn zum Arzt! Er darf nicht sterben!"
Niemand widersprach ihr, als sie das sagte. Sie nahm das Kind in seinen Lumpen auf den Arm und wollte davonstürmen. Mühsam beherrscht, fragte sie aber noch nach seinem Namen, Geburtstag, Eltern usw., denn der Arzt würde es brauchen!
„Wir wissen nichts! Es ist ein Findelkind! So eins bekommt einfach nur den Nachnamen unserer Heimleiterin: *Shy*!"[4]

4 Das heißt übersetzt: „Stein"

Karl und Stephan: „Wie heißt das Baby eigentlich?

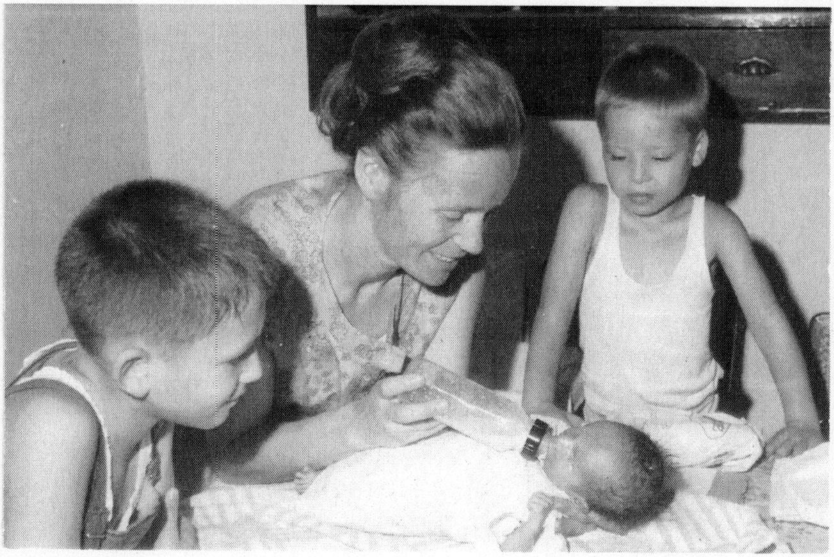

„*So eins! So eins!*“, hämmerte es in meinem Kopf. In all seiner Erbärmlichkeit, vielleicht Hoffnungslosigkeit, ist das bedauernswerte Menschlein nicht mehr als: „*So eins!*“
Das Findelkind war bei uns angekommen! *Gefunden* von Mrs. Smith, in den Arm genommen und zu uns gebracht. Die Lumpen waren jetzt eingetauscht in warme saubere Babywäsche. Eine Handvoll Mensch, nun eingehüllt in unsere Fürsorge! Angekommen, in einer schützenden Herberge!
„Lieber Gott, mach, dass es nicht stirbt! Halte deine Hand über dieses kleine bisschen Leben!“
Noch zwei weitere Informationen brachte die amerikanische Lady aus dem Heim mit: Es war offensichtlich ein Neugeborenes, das man dort in einem Pappkarton vor der Haustür gefunden hatte – ohne Hinweis, ohne Angaben. Der Nabel war eben frisch verkrustet, also das Baby erst ein bis zwei Tage alt. Seitdem waren etwa drei Wochen vergangen, in denen man das Kind unversorgt gelassen hatte. Das deckte sich mit der Einschätzung des Arztes. Mehr wussten wir nicht. Eine Geburtsurkunde existierte nicht.
Lieber, lieber Daniel! Dieses ist deine Geschichte! Ich konnte sie nicht anders erzählen als in der dritten Person. Aber mit dem Moment, da ich dich in den Arm gelegt bekam, drangst du in unser aller Herz und wurdest unser Kind und Bruder.
Gemeinsam beugten wir uns über deinen Wagen, bildeten über dir ein Dach und beteten ein „Vaterunser“.
Angst und Hoffnung wechselten sich in den nächsten Tagen ab, denn trotz aller Bemühungen gabst du kaum Lebenszeichen von dir. Weiterhin flößten wir dir Tropfen für Tropfen destillierten Wassers ein. Wir wollten einfach nicht aufgeben!
Plötzlich schreckte uns ein leises Weinen auf. Die Pipette hatten wir schon durch ein Löffelchen ersetzt und dir damit das Wasser eingeflößt. Nun hattest du wohl endlich Hunger, wenn wir dein

Weinen richtig deuteten. Wir boten dir gesüßten Tee an, dann dünne Milch, irgendwann endlich aus der Flasche. Wie waren wir erleichtert, als wir dich so durstig saugen sahen. Fast hörte es sich an, als ob du genüsslich schmatztest. Aber das konnte wohl nicht sein, wir wollten nur zu gern, dass es so wäre!

„Er sieht schon beinahe wie ein richtiges Baby aus!“, frohlockten die Jungen, und Stephan, eben erst fünf Jahre geworden, hoffte: „Vielleicht wachsen ihm die Augen noch!“

Ich hatte ihn beobachtet, wie er einmal ganz sachte versuchte, deine Augenlider hochzuschieben, um zu sehen, ob da schon welche gewachsen wären.

Er war enttäuscht, dass sein Beten noch nicht geholfen hatte, und tieftraurig, als wir ihm erklärten, dass die Augäpfel bei dem kleinen Freitag einfach fehlten und nie wachsen würden. Bedauernd erwiderte er darauf: „Schade, dass Gott das nicht ändern kann!“

Ein anderes Mal hörten wir, wie Stephan, über dein Bettchen gebeugt, dir ein Versprechen gab: „Ich werde dir immer alles erzählen, was du nicht sehen kannst!“

Wie lieb! Dafür musste ich ihn fest in den Arm nehmen.

Beide Jungen waren in diesen ersten sorgenvollen Wochen ganz lieb und verständnisvoll und ganz geduldig mit mir, ihrer Mutter, die so wenig Zeit für sie hatte. Allerdings waren sie auch beinahe unhöflich eifersüchtig, wenn jemand zu nahe an dein Bettchen trat. Sie hatten ständig Angst, dass so ein Jemand dich wieder weghölen könnte.

Als Vati drei Tage später von der Dienstreise zurückkam, erzählten Karl und Stephan ihm alle Einzelheiten über deine traurige Vergangenheit.

Vater schlug vor, dich „Daniel“ zu nennen und zu gegebener Zeit auch so zu taufen. Sophia, unsere chinesische Sekretärin und wertvollste Mitarbeiterin und Freundin, fand den Namen gut,

weil man ihn leicht ins Chinesische übertragen und aussprechen kann:„Dan-I-Li“
„Wir müssen ihn registrieren lassen!“, drängte sie noch am gleichen Tag, und wir erfuhren, dass wir das nicht auf unseren Namen tun konnten. Du bist ein geborener Chinese und bleibst es. Wir, die Heinrichs, waren nur Gäste in diesem Land und hatten nicht mal auf eines ihrer Findelkinder ein Recht.
Und das, was die amerikanische Lady sich vorgestellt hatte, geschah nun. Du musstest formell für die Blindenschule angemeldet werden, als eines von vielen Kindern dort – nur für das Meldeamt, natürlich! Ruth Chen, die Schulleiterin, würde für die Behörde deine „Ziehmutter“ werden, wir blieben „deine Familie“.
Und dann unser „Auftritt“ bei der Registrierung auf dem Meldeamt: Vati und ich betraten das Büro und grüßten mit „Ping-An“, wie alle Christen. Es heißt: „Grüß Gott“.
Unwillig wurden wir angeschaut. Offensichtlich war der Officer kein Christ. Wir trugen unser Anliegen vor, konnten uns zum Glück auf Englisch verständigen.
„Name?“, wurden wir knapp gefragt.
„Daniel!”
„Impossible! His chinese name, please!”
„No name at all!“, antworteten wir etwas ratlos.
Nur einen ganz kleinen Augenblick schaute uns der Officer an, dann setzte er den Namen von sich aus ein: „Shy Y-Ming“
Shy, das war der Familienname aus dem Heim und Y-Ming als Rufname. Wir wussten schon um diese Art von Namensgebung, man wählte sie hier in China gern „passend“ zur Person aus. Aber wir waren ja keine „Person“ zu dem chinesischen Kind, das wir anmelden wollten, also schrieb er ganz willkürlich einen Namen hin. So war aus unserem namenlosen „Freitag“ der Chinesenjunge „Y-Ming“ geworden.

Die Befragung war noch nicht zu Ende: „Birthdate?“
„Unknown“, bekannten wir ein bisschen traurig, aber was kümmerte das schon den Beamten. Der schaute auf den Kalender an der Wand, trug ein Datum ein, stempelte die Geburtsurkunde, reichte sie uns und sagte: „said-jian!“[5]

Das war also geschafft. Warum hatten wir eigentlich Angst gehabt? Ganz erklärlich: Alle Behördengänge machten Angst und unsicher, hauptsächlich wegen unserer mangelhaften Sprachkenntnisse.
Wieder zu Hause überprüfte Sophia das Dokument, deine Geburtsurkunde, Daniel. Sie lachte belustigt auf: Dein Geburtstag war auf den aktuellen Tag festgesetzt – 15. July 1968! Dabei warst du doch schon mindestens drei Wochen alt und außerdem die drei Tage noch dazu gerechnet, die du schon bei uns warst!
„Chinese way!“, sagte Sophia, und: „Bo-jau-gin!“[6]
Mit deinem Rufnamen war sie aber sehr einverstanden, er bedeutet: *Der Getreue, Verlässliche, Lichtverbreitende.*
Er könnte einmal gut passen, dachte ich, wenn du deine kritische Phase überstehen und hoffentlich gesund an Leib und Seele würdest, lieber kleiner Chinesenjunge „Y-Ming“.
Wir aber nannten dich trotzdem „Daniel“ oder auch in der chinesischen Form „Dan-I-Li“.

Wir führten Buch über deine Entwicklung, denn es war wichtig, sie zu beobachten. Noch konnte man nicht beurteilen, ob die ersten Lebenswochen bei dir dauerhafte Schäden verursacht hatten. Vier Wochen später konnten wir schon optimistischer in die Zukunft blicken. Die sorgenvollen ersten Tage hatten wir weit

5 Auf Wiedersehen
6 Macht nichts!

weggeschoben. Sie waren nicht vergessen, aber jetzt, bei deinem erfreulichen Anblick, kaum noch nachzuvollziehen. Du wurdest ein kleiner properer Kerl – zufrieden und, wie ich fand, auch schon sehr aufmerksam, was unsere Stimmen anging. Der Schleim aus Haferflocken, in Milch gekocht, schmeckte dir bald ausgezeichnet. Das Fläschchengeben wurde Stephans Lieblingsbeschäftigung. Er lag oft und gern neben dir auf dem Elternbett und redete und redete mit dir, weil wir doch erklärt hatten, im Umgang mit dir, immer viel zu sprechen. Als er dann noch abgeklärt hatte, was er dir denn so erzählen sollte, könnte und dürfte, warst du sein bester „Gesellschafter".

Noch immer aber hatten die beiden Jungen große Sorge, dass einer von den chinesischen Freunden kommen würde, um dich wieder abzuholen. Sie sahen nämlich eine Gefahr darin, dass du offiziell in der Blindenschule gemeldet warst.

Wir dagegen, Christian und ich, hatten plötzlich an Ansehen gewonnen. Dass wir so selbstverständlich und ganz spontan entschieden hatten, dich bei uns in der Familie zu behalten, musste bei den Chinesen geradezu Unbehagen ausgelöst haben. Sie schämten sich, dass da ein kleines menschliches Wesen wegen seiner Behinderung von seiner Familie ausgesetzt worden war. Und sie waren noch mehr darüber empört, dass das Waisenhaus es wegen der Blindheit bereitwillig sterben lassen wollte. Da kam dann so einfach eine ausländische (deutsche) Familie vorbei, nahm und pflegte dich kompromisslos und sagte ganz schlicht: „Mit Gottes Hilfe, wird ein lebensfähiger Mensch daraus werden!"

Auch chinesische Christen könnten nicht so handeln wie wir, sagten sie und schämten sich vor uns! Behinderungen konnte man in diesem Land nicht einfach „auf sich" nehmen! Man übersah sie besser! Oder aber, man „entledigte" sich solcher Menschen.

„Mit Gottes Hilfe, wird ein lebensfähiger Mensch daraus werden"

Durch dein bloßes Vorhandensein in unserer Familie, kleiner Daniel, bekamen wir einen tiefen Einblick in die Denkweise eines ganzen Volkes.
Sophia hätte noch viele Jahre länger mit uns verbringen müssen, um diese Situation für uns Ausländer hinreichend verständlich zu machen. Wie wir von ihr erfuhren, waren wir jetzt ganz wichtig für das Image der Blindenschule geworden. Die war nämlich noch eine kleine, für die Behörden unbedeutende Missionsschule ohne staatliche Anerkennung. Und wir deutschen Missionare brachten sie nun gewissermaßen „ins Gerede".
Was so ein kleines Menschenkind doch bewirken konnte. Wir liebten dich, umsorgten dich und freuten uns an dir. Aber allein deine Anwesenheit in unserem deutschen Haus war ein kleines Phänomen für die chinesische Denkweise.
„Tiam, tiam!", sagten wir energisch. Das heißt: Nicht mehr darüber sprechen!
Zur Freude der chinesischen Mitarbeiter in der Schule machte der Mr. Heinrich jetzt aber vermehrt und intensiver Öffentlichkeitsarbeit, und die kleine Missionsschule gewann an Bedeutung.

In dem Tagebuch über deine Weiterentwicklung stand schon tagelang immer der gleiche Vermerk: „normal"! Jede Woche wurdest du gewogen, du Kleiner. Du holtest auf, meist ein halbes Pfund, einmal sogar 400 Gramm! Wir atmeten auf! Das war normal, und wenn du jetzt manchmal ziemlich laut nach deinem nächsten Fläschchen weintest, schien uns auch das ganz normal!
Wir bereiteten die Taufe vor. Als ob ich es geahnt hätte, war in unserem großen Gepäck aus Deutschland sogar ein Taufkleidchen. Das hatte ich damals vor unserer Ausreise mit einem kleinen Hintergedanken eingepackt: Man konnte ja nie wissen …!
Mrs. Smith schickte zu deinem Taufsonntag acht junge Mädchen. Die waren sehr „betulich" um dich kleinen Täufling.

Das ärgerte Karl und Stephan sehr, aber wir ermahnten sie zur Höflichkeit und trösteten sie damit, dass die „Girls“ bald nach der Taufzeremonie wieder gehen würden. Außerdem stimmte es sie etwas milder, dass jeder eine Fünf-Dollar-Note geschenkt bekam.

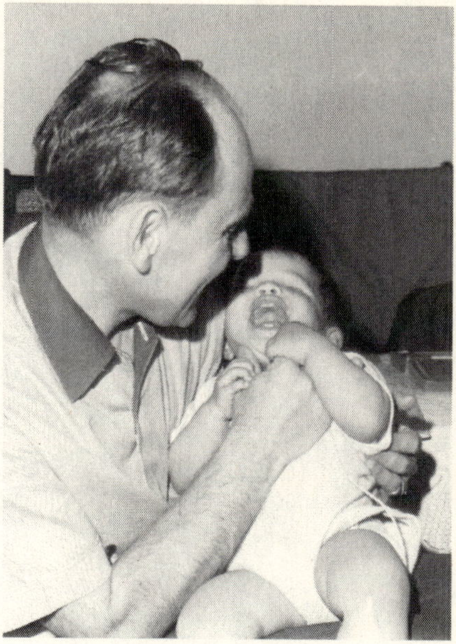

Christian und Daniel

Die Taufe wurde in einer englischsprachigen Kirchengemeinde zelebriert, die an den Sonntagen jeweils in dem „Sky-room“ des Ambassador Hotels in Taipeh stattfand. Es war übrigens zu unserer Zeit damals das höchste und vornehmste Hotel mit 12 Stockwerken. Die vorhandenen christlichen Kirchen hatten kaum eine eigene Bleibe. Deshalb mieteten sie öffentliche Räume an, was natürlich auch von den jeweiligen finanziellen Möglichkeiten der einzelnen Gemeinden abhängig war. Die „Englische Gemeinde“ residierte also im Ambassador Hotel, 12. Stock!

Die großen Fenster waren nicht nur wegen der einströmenden tropischen Hitze hermetisch von der Außenwelt abgeschlossen, sondern hatten außerdem noch dicke dunkle Vorhänge. Natürlich wurden diese sehr selten aufgezogen. Entsprechend staubig, um nicht zu sagen, dreckig, war es dahinter und noch lebendig dazu! Ungeziefer jeder Art trieb da sein Unwesen. Das Gequietsche, Gehusche, das Jagen und Gezerre hinter den Vorhängen konnte nur überdeckt oder ignoriert werden von einem kräftigen und gottgefälligen Gemeindegesang. Vaters trockene Bemerkung, als ich ihn leise darauf aufmerksam machte: „Das Getier ist hier offensichtlich mehr zu Hause als wir frommen Christen!“ Meine Andacht jedenfalls war etwas getrübt, obwohl deine Tauffeier sehr feierlich war.

Du warst etwa acht Wochen alt, als du den Taufnamen „Daniel“ bekamst, der dich dein ganzes weiteres Leben begleiten durfte.

In unseren Briefen nach Deutschland berichteten wir nun ausführlich von dir und schickten auch gleich Bilder mit.

Die Reaktion darauf war vielfältig: „Typisch!“, sagten die einen, „Musste das denn nun sein?“, fragten die anderen. Ganz viele aber fanden dich ohne Vorbehalte einfach nur „niedlich“.

Wir wünschten uns ganz dringend Gummihöschen kleinster Größe. Diese bekamen wir in Taiwan ebenso wenig wie Windeln. Chinesische Kinder wurden nicht gewindelt!

Die Verlegenheit, als die amerikanischen Windeln aufgebraucht waren, haben wir, glaube ich, ganz pfiffig gelöst. Wir nutzten entsprechend gefaltete grüne Gästehandtücher als Einlagen, und die deutschen Gummihöschen verhinderten die Durchlässigkeit. Für unseren eigenen Gebrauch waren die „Grünen“ allerdings fortan tabu!

Opi, der Großvater unserer Kinder, hatte uns bei unserer Ausreise nach Taiwan eindringlich gebeten: „Bringt ja kein Chinesenkind mit nach Hause!“

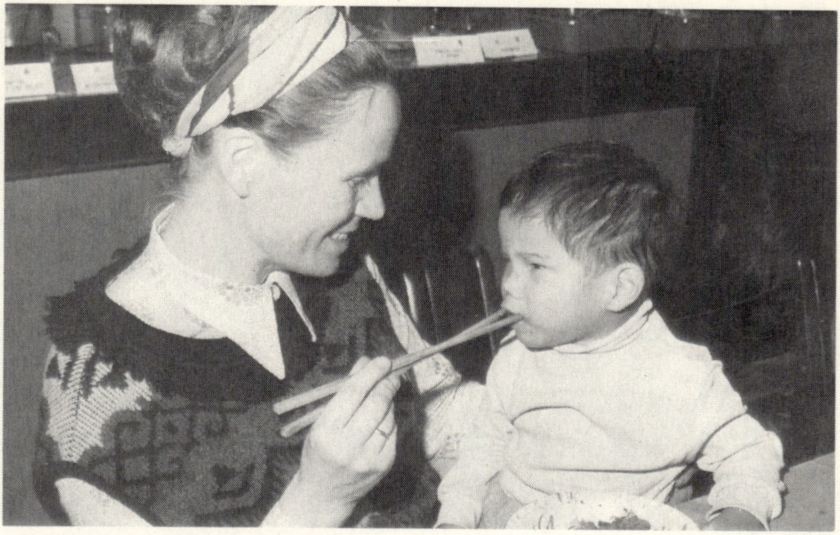

„Bringt ja kein Chinesenkind mit nach Hause!“

Ich glaube, wir hatten es ihm versprochen. Nun baten wir in Deutschland, ihm vorerst noch nichts von seinem neuesten Enkelchen zu erzählen! Wir waren ja noch lange weit weg! Gott sei Dank!
Alle Fortschritte, das Greifen, Kriechen, sich Beschäftigen, vermerkten wir jeweils mit Zeitangabe im Tagebuch. Und wir registrierten beglückt, dass alles in einem normalen Zeitrahmen zu geschehen schien (verglichen mit anderen Babys). Bislang konnten wir noch keinen Rückstand bemerken.
Du entwickeltest dich immer normaler. Wir brauchten nun auch nicht mehr so ängstlich auf deine Gesundheit zu achten, du warst kerngesund! Auch der Doktor stellte das nach einer gründlichen Untersuchung fest. Er hatte außerdem die Hoffnung, dass auch deine geistige Entwicklung normal verlaufen würde. Damit behielt er recht. Als ich nach einem Jahr die Eintragungen in deinem Tagebuch einstellte, hattest du sogar einen ungewöhnlich

Am ersten Geburtstag! Vorsicht vor der heißen Kerzenflamme!

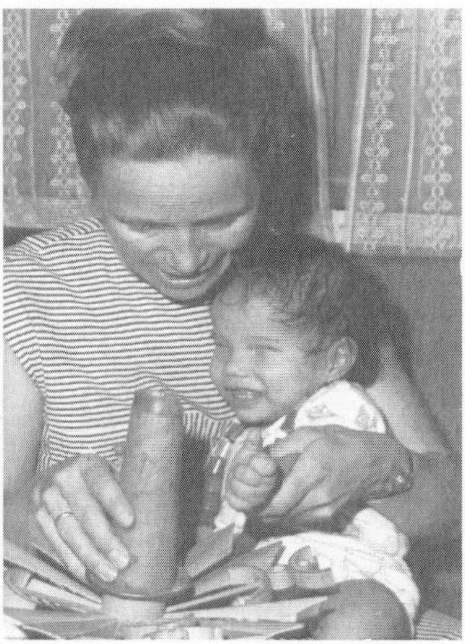

hohen Entwicklungsstand. Zu diesem Zeitpunkt konntest du bereits sprechen – und das mit Sprachbrocken aus drei Sprachen – Deutsch, Englisch und Chinesisch.

Du wurdest ein wirklich niedlicher Kerl! Unser Jüngster! Es fiel uns schwer, dich nicht zu verwöhnen. Zum Glück nahm unser dienstlicher Auftrag einen großen Teil des Tages ein. Die Freizeit war begrenzt. In Karl und Stephan hatten wir zwei umsichtige Aufpasser für dich. Sie brauchten aber auch ihren eigenen Freiraum. Doch wenn sie am Nachmittag von Schule und Kindergarten zurückkamen, sahen sie den Umgang mit dir eher als Entspannung an.

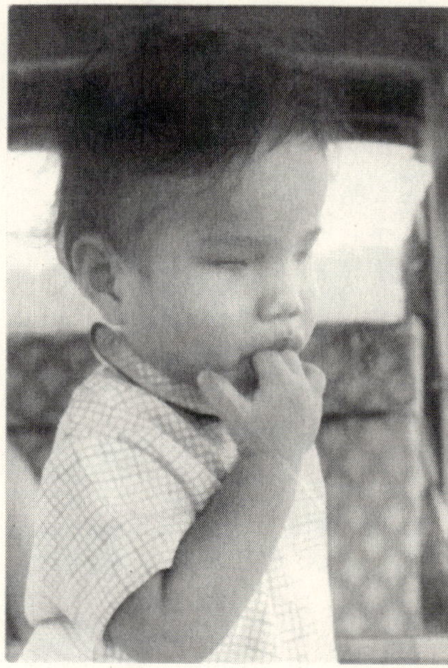

ca. ein Jahr alt

In den ersten Jahren deiner Kindheit war die Blindheit eigentlich nie ein wirkliches Problem. Natürlich konntest du nichts sehen, aber du nahmst von Anfang an deine Umwelt mit all deinen anderen Sinnen auf, als wäre das selbstverständlich. Für dich war das auch selbstverständlich. Du hast nie apathisch in der Ecke gelegen und gewartet, dass jemand dich betreut, nein, du hast immer aktiv an unserem Leben teilgenommen. Manchmal sogar *zu* aktiv. Vati und ich haben uns oftmals Gedanken darüber gemacht, ob wir dich ständig behüten und vor allen Gefahren beschützen sollten, oder dir genügenden Freiraum lassen, deine eigenen Erfahrun-

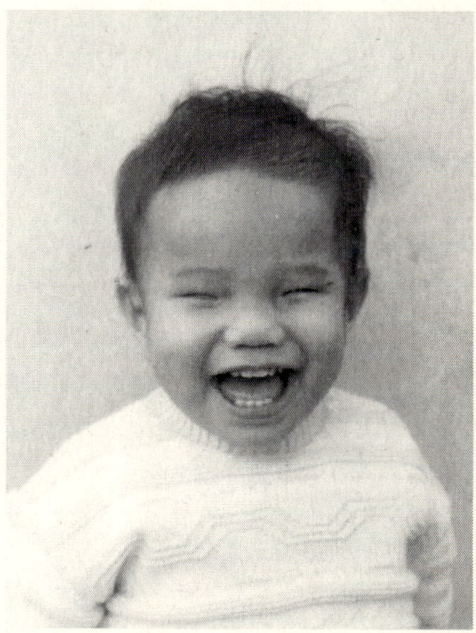

gen zu machen. Wir haben uns für Letzteres entschieden, auch wenn uns manchmal angst und bange wurde.

Längst hatten wir so viel Vertrauen zu Karl und Stephan, dass wir sicher sein konnten, dass sie dich nie im Stich lassen oder dich etwa auf dem steinernen Thron, allgemein „unser Aussichtspunkt" genannt, vergessen würden. Der gehörte zu dem japanischen Steingärtchen, das wir in unserem sonst sehr nüchternen Hof angelegt hatten.

Einmal, als wir gerade Gelegenheit hatten, euch zuzuschauen, throntest du auch auf dem Aussichtspunkt, verlangtest aber nach einer Weile nachdrücklich: „Ich habe jetzt genug gesehen! Holt mich bitte hier runter!" Das geschah selbstverständlich sofort, und ein anderes beliebtes Spiel war dran. Sie setzten dich aufs Dreirad.

Diese chinesischen Dreiräder hatten hinten einen Sitz wie bei uns die Kindersitze auf den Schlitten. Sie waren äußerst gut für Kleinkinder geeignet, auf die man aufpassen musste. Du liebtest diesen Platz und auch die Wettfahrten, die die Brüder mit dir im „Gepäck" rundum und quer durch den Hof veranstalteten. Kein Tempo war dir zu schnell – kein Spiel zu rasant!

Manchmal nahmen wir dich in die zehn Kilometer entfernte Blindenschule mit, wo ich eigentlich täglich zu tun hatte. Wenn der Vati den VW-Bus fuhr, hielt ich dich fest auf meinem Schoß. Damals kannte man noch keine Sicherheitsgurte. Fuhr ich den Bus aber selbst, polsterten wir dir auf dem Boden des Autos zwischen den Sitzen eine Ecke aus.

Als du später dann schon selbstständig sitzen und auch verstehen konntest, was wir dir sagten, taten wir das mit Nachdruck. „Wenn du nicht fest in deiner Polsterecke sitzen bleibst, tust du dir sehr weh!", erklärten wir und du bliebst sitzen.

In der Schule gab es dann immer jemand, der sich mit dir beschäftigte. In der ganzen ersten Zeit war das gar kein Problem,

denn wir hatten einen zweiten Kinderwagen besorgt. Als du schon mehr Bewegungsfreiheit brauchtest, besorgten wir mit Hilfe amerikanischer Freunde einen riesigen Laufstall, in den problemlos noch mehrere Kinder hineinpassten, um mit dir zu spielen.
In unserem Haus setzten wir dich einfach mitten im Raum auf eine Tatami. Das waren aus Gras gepresste harte Matratzen. Sie hatten alle die gleiche Größe von 80 x 120 cm und wurden in den chinesischen Häusern, in der Anzahl, wie man sie brauchte, zu Schlafflächen zusammengelegt. Nicht benötigt, standen sie einfach Platz sparend hochkant an der Wand.

Daniel auf dem Dreirad und Brunhilde Heinrich.
Das kleine Wollknäuel auf dem Boden ist Macavety, Muckes Pekinese
(siehe Seite 79)

In deiner jungen Lern- und Wanderzeit hast du vor allem ganz schnell gelernt, uns zu vertrauen, Daniel. Wir gaben dir genügend (hofften wir jedenfalls) Bewegungsfreiheit, beobachteten dich aber doch aus den Augenwinkeln, um immer schnell eingreifen zu können, wenn es nötig wurde. Wann immer wir dich warnen mussten, nahmst du es mit dem nötigen Ernst und Gehorsam an. Die Verlässlichkeit von unserer Seite förderte dein Vertrauen zu uns und zur Umwelt. Hatten wir das zuerst den Jungen verständlich gemacht, die wunderbar geschickt mit dir umgingen, forderten wir das auch deinem sich stetig erweiternden Umkreis ab. Du entwickeltest dich zu einem Charmeur. Das hässliche Baby war inzwischen zu einem liebenswerten Kleinkind geworden.

Es irritierte die Leute um dich herum oft sehr, dass du trotz geschlossener Augen dennoch hellwach und munter schienst. Wir erklärten dann wohl fröhlich: „Er schläft nicht. Er hat nur keine Augen."

„Wie kann man darüber so fröhlich sein?", fragte sich wahrscheinlich manch einer.

Wir jedenfalls bemerkten deine Blindheit kaum noch, konnten sogar dein Schlafen und Wachen sehr gut unterscheiden.

Du hast dich in späteren Jahren immer gewundert, wenn wir von dir als dem lieben, munteren kleinen Jungen sprachen, und hast zweifelnd gefragt: „War ich denn, eingehüllt in eure Liebe und Fürsorge, nur lieb und pflegeleicht?"

„Natürlich nicht", antworteten wir darauf ehrlich, „keines unserer vielen Kinder war pflegeleicht, aber immer liebenswert. Das Eine schließt das Andere nicht aus."

Du entdecktest deine Welt, und wir erlebten dabei fast täglich neue Überraschungen. Wenn sie auch manchmal unbequem waren, machten sie uns gleichzeitig sehr froh. Vati und ich sagten dann schon mal zueinander: „Dem fehlt nichts außer den

Augen!“ Und unter uns hörte sich das auch gar nicht makaber an. Erstaunt beobachteten wir auch deine sehr ausgeprägte Mimik und wie leicht man in deinem Gesichtchen lesen konnte. Deine Blindheit, die geschlossenen Augenlider, waren für uns, die wir täglich mit dir zusammenlebten, keine Irritation. Wir übersahen sie schlichtweg. Umso nachdrücklicher achteten wir darauf, dass sich niemand „hinter deinem Rücken“ leise verständigte, und auch darauf, dass niemand dir einen Mitleidsbonus gewährte.

Wir aber setzten dich redend und erklärend „ins Bild“, wo immer wir es interessant genug fanden. Es war schon eine Herausforderung, selber genau hinzuschauen, um dir dann alles ganz detailliert beschreiben zu können.

Klettern und Krabbeln war nun die nächste Entwicklungsstufe. Spielzeug nehmen, halten und sich dessen wieder zu entledigen, war ebenfalls eine Entdeckung, die dir Spaß machte. Wir bekamen es ziemlich direkt zu spüren. Da weckten uns doch morgens kleine Wurfgeschosse aus deinem Bettchen oder fröhliches, wenn auch unverständliches Geplapper. Dein Bett stand am Fußende unseres Bettes, und eines Tages hattest du den Bogen raus, zu uns herüberzusteigen. Mit einem Jauchzer landetest du zwischen uns.

Es war erstaunlich, wie du selber mit dir umgingst. Wenn wir uns laut darüber wunderten, woher du dieses und jenes wissen könntest, sagten Karl und Stephan manchmal stolz: „Das hat er von uns!“

Das stimmte tatsächlich. Sie beschäftigten sich ganz einfach viel mit dir, und du kleiner Kerl, warst eben nicht dumm und setztest alles auf deine Weise um. Eines Tages standest du plötzlich freihändig vor uns auf deinen zwei Beinchen. Noch ein bisschen wackelig, aber hocherfreut über dich selbst, denn du warst, zwar mit einiger Mühe, aber doch mit Erfolg, aus deinem „Gehfrei“ ausgestiegen.

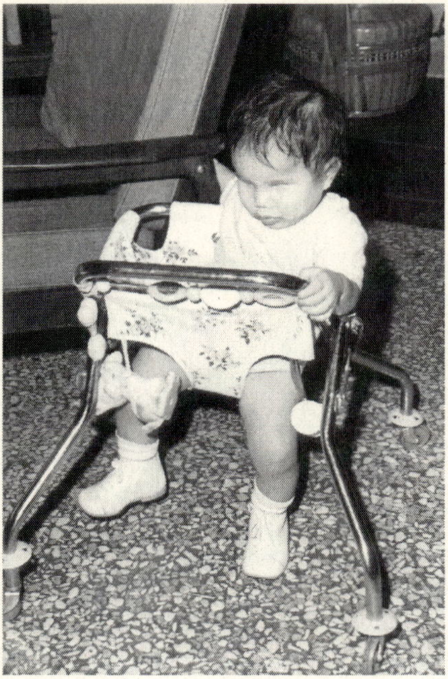

„Gehfrei“
Das Stühlchen auf
Rollen

Dieses Stühlchen war mit Rollen versehen und bot dir eine gewisse Bewegungsfreiheit, solange du noch nicht allein laufen konntest.
Jetzt wollten wir aber sehen, wie du dort herausgekommen warst und setzten dich zurück. Du bist dann mit den Füßchen zum Sessel „gepaddelt“ und wiederholtest vor unseren Augen mit viel Gestöhne, aber trotzdem geschickt, deinen Kletterakt.
Wer dir das gezeigt hatte? Niemand! Dein Unternehmungsgeist machte solche Versuche möglich!
„Total normal“, raunte mir der Vati ins Ohr. Wir müssten nun immer öfter deine Schutzengel bemühen, fürchteten wir. Besonders auf die Steintreppe hattest du es abgesehen. Ich denke nur mit Schaudern daran, wie du einmal zwischen der auf- und absteigenden Treppe im Schacht hingst! Deine Händchen waren zwar schon kräftig, ob aber auch sicher genug, mussten wir nicht unbedingt ausprobieren. Ein Fehlgriff hätte schmerzhafte Folgen gehabt.
Da nahm dich Vati an die Hände und ließ dich in den Schacht hinunterhängen. Unten auf die Erde hatten wir weiche Matratzenteile gelegt. Darauf ließ er dich fallen.
„Du musst merken, wie tief es ist, wenn du es nicht sehen kannst“, sagte Vati. „Normalerweise liegen da unten keine

Matratzen. Dann tust du dir sehr weh!“, fügte er noch warnend hinzu.

Deine Blindheit verhinderte leider, dass du solche oder ähnliche Gefahren einschätzen konntest. Deshalb musste es hin und wieder eine ähnliche Demonstration geben. Lediglich einmal hast du dir dabei auf die Zunge gebissen.

Einmal kam Karl aufgeregt angelaufen: „Ich weiß jetzt, warum Daniel manchmal die Treppe runterfällt! Er setzt sich auf den Hosenboden, hält sich an den Gitterstäben des Geländers fest und ‚hoppt' so Stufe für Stufe nach unten!“

„Klug“, sagte ich gerade anerkennend, als Karl hinzufügte: „Rückwärts!“

„Oh Gott! Wie gefährlich!“

Nun zankte ich dich aber aus: „Wenn du die Treppe nicht gehen kannst wie wir, dann ruf um Hilfe, dann wird dich einer holen!“

Mit deinem noch geringen Wortschatz sagtest du darauf: „Zuuu lange!“

„Dann hau dir dein Köpfchen doch kaputt!“

Und Vati setzte noch eins drauf: „Durch Schaden wird man klug!“

Mein ausgestandener Schrecken hatte ein Schluchzen zur Folge. Und du, von dem wir schon manchmal sagten, dass du die „Flöhe husten hörst“, fragtest doch prompt: „Ist Mutti auch gefallen? Sie weint ja!“

Die Anspannung löste sich in Lachen auf. Ich war wütend und erleichtert zugleich.

Deine zunehmende Mobilität strapazierte unsere Nerven ganz erheblich, indem du dir unter anderem dein Spielzeug selbst suchtest. Das waren mit Vorliebe Kochlöffel, Schalen und Töpfe – Krachmacher eben. Übrigens untersagten wir dir energisch, ungewollte Gegenstände einfach irgendwohin zu werfen. Du

konntest ja nicht sehen, wen oder was du trafst. Auch das konnte gefährlich werden!
Einmal entdeckten wir dich doch tatsächlich in der Waschmaschine. Sie war von oben befüllbar. Bei allen nicht benutzten elektrischen Geräten zogen wir grundsätzlich den Stecker heraus. Du hocktest in der Trommel und drehtest sie mit viel Gestöhne. Niemand hatte gesehen, wie du da hineingekommen warst. Dazu formuliertest du bedächtig, weil es wahrscheinlich noch ein schwieriges Wort für dich war: „Karussell!“ Es blieb ein Rätsel, wo du dieses Wort herhattest, denn bisher hattest du noch nie ein Karussell gesehen.

Dein nächster Entwicklungsschritt war nun die Kommunikation über die Sprache. Und wir hatten keinen Anlass, zu fürchten, dass etwas – außer der Blindheit – an dir nicht „normal“ sein könnte. Als zum Beispiel bei deinem Spielzeugtelefon nach dem

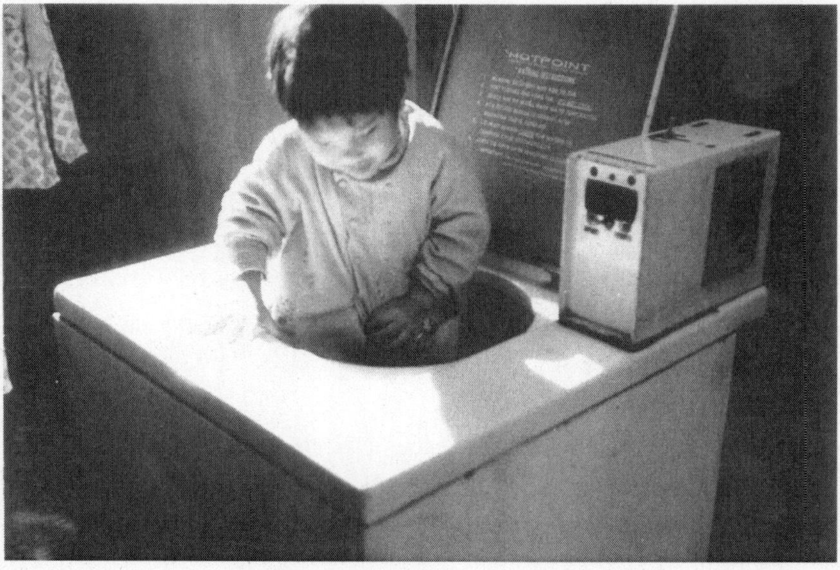

In der Waschmaschine

grellen Klingeln das bei anderen Telefonen übliche „tut-tut“ ausblieb, und auch keiner mit dir durch den Hörer sprach, legtest du es beiseite mit der Bemerkung: „Kaputt“.
Uns fiel auf, wie gern du Musikkassetten oder den Gesprächen rings um dich herum zuhörtest. Das war ganz offensichtlich deine Info-Quelle, denn als du anfingst zu reden, klang das oft wie bei den Erwachsenen. Da die so genannte Babysprache ohnehin bei uns verpönt war, sprachst du auch sofort richtig, wenn du ein Wort erst einmal erfasst hattest.
Einmal hast du uns etwas ratlos gemacht und A-Teh, unser chinesisches Hausmädchen, sehr traurig. Sie mochte dich, konnte aber kaum etwas mit dir anfangen, weil du sofort unwillig zu weinen begannst, wenn sie sich dir näherte.
„Komisch, sie hat noch kein Wort gesagt, und Daniel weint schon!“, sagte ich nachdenklich. Darauf lachte Vati belustigt: „Sie kann ja auch weder Englisch, noch Deutsch und Daniel kein Chinesisch!“
Dann des Rätsels Lösung. Wir beobachteten, dass sie immer ganz leise, eben wortlos, zu dir kam. Das machten wir genau anders, und damit konntest du dich zurechtfinden, weil du hörtest, wer da etwas von dir wollte. Der heranschleichenden A-Teh aber fühltest du dich ausgeliefert. Mit meinen geringen Chinesisch-Kenntnissen erklärte ich ihr, dass sie einfach in ihrer Sprache mit dir reden sollte. Du hörtest sie dann kommen und hörtest am Klang ihrer Stimme, was sie von dir wollte. A-Teh strahlte. Mein Rat funktionierte, und fortan verstandet ihr euch blendend.
Nach diesem Aha-Erlebnis für A-Teh kam gleich noch ein ganz besonderes für sie. Das hing mit deinem neuen Entwicklungsschub zusammen, den ich auch hocherfreut im Tagebuch notierte. Du begannst, immer mehr Worte nachzusprechen! Das Auffallende war, dass du nicht gerade die leichtesten formuliertest, und dass du keinen Unterschied machtest, ob es deutsche,

Eine Banane von A-Teh

chinesische oder englische Worte waren. Was du hörtest und was dir wahrscheinlich vom Klang her imponierte, das versuchtest du nachzusprechen. Das klang lustig. A-Teh meinte eines Tages das Wort „ginchio“ herauszuhören. Das heißt Banane, und sie eilte zum Markt, um dir ganz frische zu holen. Diese prompte Bedienung gefiel dir ausnehmend gut. Sie hatte nun immer eine Banane für dich bereit.

Du bekamst einen Hochstuhl aus Bambusgeflecht und saßest nun bei den Mahlzeiten ganz selbstverständlich mit am Tisch, bekamst einen Keks in die Hand und sagtest darauf „Nein danke!“

„Das ist ja merkwürdig“, staunten wir, aber dann fanden wir heraus: „Nein, danke“ und „ja, bitte“, waren viel gebrauchte Worte bei Tisch und die benutztest du zunächst ganz willkürlich.

Einige Zeit später nervtest du uns mit der Frage: „Was war das eben?“

Früher, bei unseren anderen Kindern, hieß die Frage „Warum?“

Wir mussten nun sehr genau aufpassen, hinhören, hinschauen, damit wir dir auch erschöpfend Rede und Antwort stehen konnten. Weil du so viel fragtest, erspartest du uns aber das Dozieren. Das wiederum war eine Erleichterung.

An Mutters Hand

Viel zu gern gingst du inzwischen an der Hand von irgendjemandem über das Schulgelände. So richtig spazieren ging man hier in Taiwan nicht, außer frühmorgens in den Park. Später am Vormittag war es schon zu heiß. Wir beobachteten in der Blindenschule, dass du niemals an der Hand eines ebenfalls blinden Kindes gingst. Wahrscheinlich spürtest du, dass von ihm zu wenig Sicherheit ausging. Aber es war nur noch eine kurze Zeit, in der du überhaupt eine Hand zum Führen und Leiten brauchtest.

Bald gingst du schon selbstständig über das Gelände und an den Klassen vorbei, die alle zu ebener Erde lagen und meist auch offene Türen hatten, an denen du stehen bliebst und zuhörtest.

Am liebsten aber gingst du in die Kirche. In der Woche hatten die Kinder da oft Musikunterricht, und das interessierte dich ganz besonders. Hier war es auch nicht so schwül und stickig, weil der Raum, im Vergleich zu den Klassen, natürlich riesig war. Die offenen Fenster brachten in den heißen Sommermonaten wenigstens etwas Kühle. Auf den breiten Bänken machtest du gern ein Mittagsschläfchen und regeneriertest dich so von deinen Aktivitäten.

Mit manchem tiefen Seufzer erfreuten wir uns an deiner Mobilität, die oft mit unerwarteten Überraschungen einherging. So zum Beispiel, als du wieder einmal mit uns in der Blindenschule und plötzlich einfach nicht mehr aufzufinden warst. Wir suchten alle bekannten Plätze ab, an denen du dich gerne aufhieltest, bekamen aber keine Antwort auf unser besorgtes Rufen. Lehrer und Schüler schwärmten über das ganze Schulgelände aus. Eigentlich gab es hier keine gefährlichen Ecken und Winkel, nur leider die Tatsache, dass unmittelbar vor der Schule eine verkehrsreiche Straße vorbeiführte.

Wir gerieten allmählich in Angst, als plötzlich einer rief: „Di Tschia, di Tschia!“[7]

Du warst in eines der Schülerbetten geklettert und dann prompt eingeschlafen. Erleichtert nahmen wir dich in die Arme, und ab ging es nach Hause. Wir erholten uns vom ausgestandenen Schrecken, während du in ein duftendes Schaumbad gesetzt wurdest. Die Schülerbetten entbehrten nämlich manchmal der Hygiene, auf die wir großen Wert legten.

---

7 Hier ist er!

Kirche der Blindenschule in Taiwan

Immer wieder sah ich dankbar auf unsere beiden großen Jungen. Sie waren im Umgang mit dir eine wirkliche Hilfe, hatten aber dabei jeder eine eigene Art. Karl, der Ältere mit neun Jahren, war immer ein wenig belehrend, dozierend, aber stets sehr kameradschaftlich. Stephan, der Lustige, war hauptsächlich ein Spielkamerad, aber er war ja auch „nur" fünf Jahre älter als du.
Sie beschäftigten sich mit dir, aber du dich auch schon sehr oft allein.
Deine ungewöhnlichen Aktivitäten hatten mit Sicherheit zur Folge, dass du nicht in den Augen bohrtest, eine schlechte Angewohnheit blinder Kinder, die sich langweilten.
Wir wussten um das Augenbohren mit seinen hässlichen Folgen. Man hatte uns damals in England, in unserer Vorbereitungszeit auf die Blindenarbeit, schon darauf hingewiesen. Wenn die

Fäustchen in die Augenhöhlen gedrückt werden, lassen sich die noch weichen Knochen ganz leicht deformieren, und die Stetigkeit des Drückens, bewirkt tatsächlich einen Dauerschaden, der später nicht mehr zu korrigieren ist. Man erkennt ein „Drückerkind“ deshalb auch noch im hohen Alter.

Ähnlich ist es auch mit den Schaukelbewegungen, die man viel bei Blinden beobachtet. Es ist Sache der Erzieher, darauf zu achten und zu gegebener Zeit zu erklären, dass wir anderen auch nicht „schaukeln“, dass es den Betrachter unter Umständen nervös macht und dass es außerdem ganz hässlich aussieht. Auf diese „dummen“ Angewohnheiten achteten wir jedenfalls und redeten mit dir darüber, immer in einer Art, die du verstehen konntest.

Und du verstandest ziemlich viel und gut, und deshalb brauchten wir auch keine Schädigungen aus deinen ersten Lebenstagen mehr zu befürchten. Dankbar falteten Vati und ich oft abends die Hände, wenn du uns gerade mal wieder einen Beweis deiner Intelligenz gegeben hattest.

Karl und Stephan wurden immer leicht aggressiv, wenn ein „lieber Mensch“ dich kleinen Blinden mal wieder bedauern wollte. „Der braucht keine Augen! Er hat ja uns! Mein Bruder und ich gucken für ihn und erklären ihm auch alles!“

Und du selbst wehrtest dich schon mit deinen kindlichen Mitteln gegen jede übertriebene Fürsorge.

Vielleicht hatten wir es aber mit deinen liebevollen aufmerksamen Brüdern und dir, dem kleinen Umtriebigen, Neugierigen, auch nur gut getroffen. Du machtest es uns allerdings auch leicht, indem du immer abfordertest, was du wissen oder tun wolltest. Deine Händchen waren schon im Babyalter immer mit Spielzeug um dich herum oder mit unseren Fingern und Händen beschäftigt, die wir dir zum „Begreifen“ reichten.

1969

mit Karl

Von zu Hause kamen manchmal mitleidige Briefe, weil wir so eine Last mit dir hätten und weil … Ach, es lohnt nicht, das zu wiederholen! Du, mit dem bedeutungsvollen Namen Y-Ming, der unter anderem der „Lichtverbreitende" bedeutet, warst für uns absolut pflegeleicht und bereitetest uns ganz viel Freude. Genauso verstanden wir den „Lichtverbreitenden!"

Einmal erteilten wir dir eine scharfe Rüge, als du unzufrieden mit uns warst. Weil wir etwas Vorbeirauschendes nicht gehört oder gesehen hatten, sagtest du doch tatsächlich unwillig: „Pass doch auf!"

„Daniel, so was sagt man nicht zu erwachsenen Leuten!"
Darauf deine Antwort mit einer neuen Vokabel: „Sorry!"
Irgendwann hast du dich an der Tischkante gestoßen und sagtest zu dir selber: „Pass doch auf!"
Als du etwa anderthalb oder zwei Jahre alt warst, entwickelte sich ein sehr unbequemes Problem. Deine Lebendigkeit, dein Unternehmungsgeist, deine Lust zu reden, ließen dich plötzlich auch in der Nacht nicht zur Ruhe kommen. Deine Ruhephasen waren kurz aber tief. Danach erzähltest du dir selber Geschichten – Vati nannte sie Moritaten – und wir glaubten, darin einen Mix aus deinen Tageserlebnissen wiederzufinden.
Leider, mussten wir eingestehen, war alles so interessant, dass man dir gern zuhören mochte. Nur, im Gegensatz zu dir brauchten *wir* einige Stunden mehr Schlaf, um zu regenerieren. So konnten wir diese Art von nächtlicher Unterhaltung nicht lange durchstehen, besonders, als du anfingst, im Schlafzimmer umherzuwandern. Dann fandest du Vatis Schuhe, in denen es sich so schön schlappen ließ, und meine Perücke. Die stülptest du dir über, schlapptest durch das Schlafzimmer und fingst an zu singen: „Mein Vater ist ein Wandersmann …" (Natürlich textlich nicht so perfekt, aber die Melodie saß).
Müde, wie wir abends manchmal waren, konnten wir darüber gar nicht immer lachen und scheuchten dich dann unsanft ins Bett. Aber wenige Stunden später begann unter Umständen ein neues Programm. Als kleiner Blinder hatten Helligkeit und Dunkelheit natürlich keine Bedeutung für dich. Wie solltest du also wissen, wann Tag oder Nacht war?
„So geht das nicht weiter!", beschlossen wir genervt und holten uns in Deutschland Rat bei einem erfahrenen Blindenlehrer, der das Projekt „Früherziehung blinder Kinder" entwickelt hatte.
Was wir selber auch schon vermutet hatten, wurde von diesem Fachmann ebenfalls empfohlen: Wir sollten dich über Tag wach

halten und dir nicht die kleinste Verschnaufpause gewähren. „Das wird eine harte Zeit", wurden wir gewarnt.
Armer Daniel, nun hatte jeder von uns die Aufgabe, dich tagsüber ein Stück müde zu machen, damit auch du hoffentlich bald die Nacht zum Schlafen nutztest. Sehr schnell wurde uns klar, dass die ganze Aktion erst wirklich Erfolg haben würde, wenn du mit zunehmendem Verstand auch die entsprechende Einsicht haben würdest.
Mit einer Erklärung versuchten wir, dir schon mal zu helfen: „Alle Menschen, du kleiner Unruhegeist, die Großen wie die Kleinen, nutzen die Nacht zum Ausruhen und Schlafen."
Darauf deine berechtigte Frage: „Wann ist denn Nacht? Wie merke ich das?"
In Deutschland hätte man darauf verweisen können, dass es nachts allgemein ruhiger oder sogar ganz still wird. Das traf aber keineswegs auf Taiwan zu. Hier pulsierte das Leben vierundzwanzig Stunden mit entsprechendem Krach auf den Straßen. Von Taipeh, der Hauptstadt der Insel, sagte man, dass sie, nach Tokio, die lauteste Stadt der Welt wäre. Wie sollte sich da ein kleiner blinder Junge zurechtfinden? Aber irgendwann hatten wir dich endlich „umgepolt", und wir konnten wieder ungestört schlafen.
Karl war manchmal richtig sauer auf dich. Mit Vorliebe saßest du auf seinem Bett, wenn er Geige übte, und manchmal hieltest du dir die Ohren zu und stöhntest: „Oh, Charly, Charly!"
Du meintest die falschen Töne. Sie gefielen dir nicht, ohne dass du das groß erklären konntest.
Karl, der in der amerikanischen Schule allgemein „Charly" genannt wurde, rächte sich mit einer bösen, aber durchaus zutreffenden Bemerkung, als er dich mit Kochlöffel und Fleischgabel auf eine Plastikschale „pauken" sah: „Wenigstens kann er sich die Augen nicht ausstechen, weil er keine hat!"

Du begannst, nicht nur deine Umwelt besonders intensiv wahrzunehmen, sondern alle Möglichkeiten ihrer Nutzung auch auszuprobieren, besonders, wenn du dich allein fühltest. Wir fanden das kurios, ließen es dich aber auf keinen Fall merken. Du fingst an, mit den neu erworbenen taiwanesischen Sprachbrocken zu „spielen". Das hörte sich zum Beispiel so an.
Trotzig: „bo-ai" (ich will nicht), verschmitzt: „m-zai-ia" (ich weiß nicht), höflich: „said-jian" (wiedersehen).
In der Blindenschule waren die Kinder beglückt. Sie konnten sich prächtig mit dir unterhalten. Ihr größter Spaß war, wenn sie dich auf der Wippe oben in der Schwebe hielten, während sie unten am anderen Ende hockten und Karten spielten. Du erklärtest allen Ernstes: „Kann gut sehen!"
„Sehen" war dein Lieblingswort. Ich behaupte, weil du spürtest, wie du dein Umfeld damit irritieren konntest. „Der Blinde sieht! Welch eine Ironie! Wenn wir unsere Augen schließen, wie Daniel, sehen wir doch nichts!"

„Kann gut sehen!"

Du hast übrigens auch später das Wort „sehen" mit der allergrößten Selbstverständlichkeit benutzt, als könntest du das wirklich. Formulierungen wie: „Dann woll'n wir mal sehen!" oder „Schauen wir mal!", benutztest du wie alle anderen Menschen auch. Für dich war „Sehen" nichts weiter als das Erfassen aller sinnlichen Wahrnehmungen.

Heimaturlaub

Anfang 1970 – du warst noch keine 2 Jahre alt – rüsteten wir zu einem Heimaturlaub nach Deutschland. Natürlich wollten wir uns von der schweren Missionstätigkeit in China etwas erholen, doch gleichzeitig planten wir eine Vortragsreise, um den Menschen in Deutschland die Ziele unserer Arbeit zu vermitteln, neue Paten zu gewinnen und Spendengelder zu erbitten.
Bei den Vorbereitungen machten wir aber eine aufregende Feststellung, nämlich, dass wir für dich gar keinen Pass besaßen und ihn auch nicht so ohne Weiteres bekommen würden. Für uns gehörtest du zwar in die Heinrich-Familie, aber wir merkten voller Schrecken, dass du noch immer ein registriertes, chinesisches Kleinkind warst. Kein Chinese durfte damals so einfach außer Landes gehen! Taiwanesen besaßen nämlich keinen Pass und bekamen ihn auch nur – zeitlich eingeschränkt – für Sonderreisen ausgestellt. Nach der Rückkehr musste er außerdem umgehend wieder abgegeben werden. Da hatten wir nun ein echtes Problem!
Chinesen durften im Ausland keine Kontakte schließen oder über das Land Taiwan Auskünfte erteilen. Wir konnten kaum glauben, dass dieses auch für ein Kleinkind galt, das kaum sprechen konnte. Die Gesetze waren so hart, weil Taiwan sich immer noch im Kriegszustand mit dem kommunistischen „Großen China" befand.
Nun mussten wir schnell handeln, wenn wir dich in unseren Heimaturlaub mitnehmen wollten!
Wir besorgten die Zusage einer Gießener Augenklinik, dass sie bereit wäre, das „mittellose chinesische Kleinkind Shy Y-Ming" kostenlos zu operieren, um die Sehfähigkeit herzustellen oder zu verbessern, einschließlich der erforderlichen Nachbehandlung. Dazu musstest du natürlich nach Deutschland ausreisen.

Ferner mussten mehrere Bürgen dafür garantieren, dass du, unser kleiner Anderthalbjähriger, während deines Auslandsaufenthalts keinerlei politische Statements über dein Geburtsland abgeben würdest.
Die Blindenschulleiterin Ruth Chen, deine behördliche Ziehmutter, hatte zum Glück gute Beziehungen zu einigen Generälen, die sich als Bürgen zur Verfügung stellten.
Damit waren alle formellen Voraussetzungen für eine Ausreiseerlaubnis erfüllt. Die Taiwan-Regierung konnte sich jetzt diesem großzügigen Angebot der Heilungschance eines blinden Staatsangehörigen nicht mehr entgegenstellen. Die Gefahr einer möglichen hochverräterischen Auslandsaktivität deinerseits wurde wohl auch nicht als sehr groß eingeschätzt.
Wir bekamen den Pass für „Shy Y-Ming“ – keine Erwähnung des Namens „Daniel Heinrich“!
Wir wussten natürlich, dass du (noch) kein Heinrich-Kind warst, hatten die Tatsache aber bisher beiseitegeschoben. Nun waren wir gewarnt und nahmen uns fest vor, nach unserer Rückkehr so schnell und zielstrebig wie möglich, deine Adoption zu beantragen.

Jetzt freuten wir uns erst einmal auf einen mehrmonatigen Heimaturlaub, schauten der Enthüllung beim Opi aber mit gemischten Gefühlen entgegen, denn trotz seiner dringenden Bitte brachten wir nun doch ein Chinesenkind mit.
Ich erinnere mich noch an unsere Ankunft in Hildesheim. Omi, meine Mutter, erwartete uns am einfahrenden Zug, neben ihr ein junges Mädchen, groß, blond und sehr modisch mit Minirock gekleidet. Das war Friederike Sabine, genannt Mucke, unsere Tochter, noch keine 14 Jahre alt, die wir drei Jahre nicht gesehen hatten! Sie standen genau da, wo wir mit vielen Gepäckstücken aus dem Abteil herausquollen.

Vati hatte Mühe, dich Zappelphilipp auf dem Arm zu halten. „Wo ist meine Omi?“, riefst du mehrfach, während Stephan schon in ihren Armen lag. Mucke und Karl begrüßten sich lässig – der allgemeine Gefühlsausbruch schien den beiden (Pubertierenden) peinlich zu sein. Während ich noch mit dem Erscheinungsbild unserer Großen fertig werden musste, hatte Vati zum Glück die Initiative ergriffen und die beiden – immer noch mit dir auf dem Arm – freudig umarmt. Für einen Augenblick waren in dem Menschenknäuel nur Köpfe und Arme zu erkennen.

Der grelle Pfiff des abfahrenden Zuges beendete die erste Wiedersehensfreude, und wir eilten zum Taxistand. Es wären zwei Autos nötig gewesen, aber Muckes Vorschlag, dass sie mit den Brüdern zu Fuß nachkommen wolle, wurde dankend angenommen.

Da der Opi über deine Existenz immer noch nicht „aufgeklärt“ war, schien es mir günstig, dass ihn nicht alle auf einmal begrüßten, denn er war gesundheitlich nicht sehr stabil.

Doch was machte die Omi mit uns, nachdem sie etwas lahm beteuert hatte, wie sehr sich der Opi auf die weit gereiste Familie freue? Sie zeigte uns doch tatsächlich die verschiedenen Veränderungen in der Stadt. Immer wieder bat sie den Taxifahrer, hier vorbeizufahren, da mal kurz am Straßenrand zu halten, und doch bitte nicht so schnell zu fahren, damit wir alles besser ansehen könnten. Ein zeitraubender Heimweg!

Über eine Stunde hatte die Besichtigungstour schon gedauert, als wir seufzend Omis Absicht erkannten und nun endlich dem Opi begegnen wollten.

Du Chinesenbub wurdest eben noch ermahnt, ganz lieb und vorsichtig zu sein. „Opi ist schon alt und auch ein bisschen krank. Deshalb bleibt er in der Sofaecke sitzen.“

Dann standest du in der offenen Wohnzimmertür und fragtest, wie wir dir geraten hatten, langsam und deutlich: „Wo ist mein lieber, alter Opi?"
„Hier mein Armer! Vorsicht, dass du dir nicht wehtust!"
Mit sicheren Schritten fandest du zu ihm, und mit deinem kindlichen Charme hattest du ihn schnell um deine kleinen Finger gewickelt. Ihm erlaubten wir auch, von dir als „armen Jungen" zu sprechen, wann immer er den Ausdruck gebrauchen wollte.

Merkwürdigerweise waren wir bei dem Gedanken an die Augenuntersuchung unruhig. War da vielleicht doch noch etwas zu machen? Ebenso wie Stephan hatten wir auch ab und an hinter deinen Augenlidern nachgesehen, ob nicht …

Familie Heinrich 1970 in Deutschland
hinten Karl, Friederike, Stephan
davor Brunhilde, Daniel, Christian

Aber eigentlich wussten wir es besser und hatten uns längst mit Stephans kindlicher Feststellung arrangiert: „Schade, dass Gott das nicht ändern kann!“
Tatsächlich konnten wir dann doch nicht so unberührt die Enttäuschung hinunterschlucken, als uns der Professor ziemlich ruppig mitteilte: „Wo keine Augen sind, können wir auch keine hinpflanzen!“
Er war offensichtlich enttäuscht, dass nichts aus seiner „guten Tat“ werden konnte, hatte er doch schon mit seinem gesamtem OP-Team bereitgestanden. Wir mochten ihn dann auch nicht mehr darüber aufklären, dass uns schon sein bloßes Angebot bei der Passbeschaffung geholfen hatte. In aller Stille drückte ich aber doch ein paar Tränen weg bei der endgültigen Diagnose: „Er bleibt blind!“
Das war wohl auch das einzige Mal, mein Kleiner, dass ich dich, so schmerzlich berührt, als „armen Jungen“ bezeichnet habe.
Du warst doch wirklich nicht arm und zu bedauern! Im Gegenteil! Du warst, trotz deiner Behinderung, immer munter, immer fröhlich und wohltuend friedfertig und ausgeglichen. Du konntest sie ja gar nicht als solche empfinden, denn du kanntest keine andere Welt als die der Dunkelheit. Mit deiner natürlichen Intelligenz schöpftest du alle sich dir bietenden Möglichkeiten aus, ohne zu wissen, dass wir Sehenden andere und bessere haben.
Was wir als positive Beratung aus der Gießener Augenklinik mitnahmen, war der Hinweis, dir möglichst bald Augenprothesen anpassen zu lassen. Man hatte uns erklärt, dass sich die kindlich weichen Knochen durch die fehlenden Augäpfel in den ersten Lebensjahren verformen könnten. Das führe auf Dauer, ebenso wie das häufige „Bohren“ in den Augen, bei vielen Blinden zu einer unschönen Deformation des Kopfes.
„Hat Ihr Junge nicht gebohrt?“, hatte der Professor erstaunt gefragt.

„Der ist viel zu sehr beschäftigt und kommt nicht auf so dumme Gedanken“, war meine Erklärung.
Darauf erwiderte er nur anerkennend: „Mein Kompliment! Sie wissen mit der Blindheit des Kindes richtig umzugehen!“
Wir hätten die Prothesen gern noch in Deutschland angeschafft, aber du warst ja (noch) nicht unser Kind, und folglich noch nicht über uns versichert.
Fürs Erste ließen wir dir eine Brille verpassen. Damit sahst du ganz süß aus. Allerdings war das gar nicht so einfach bei deiner kurzen Chinesennase.
Aber der Optiker hatte seinen Spaß beim Probieren. Als nämlich keine Brille sitzen wollte, war dein Vorschlag, fortan den Kopf in den Nacken zu legen.
Stephan war bei dieser Anprobe dabei und erklärte ganz ernsthaft: „Kopf in den Nacken? Geht nicht! Dann siehst du ja nur Himmel!“
Etwas verwirrt fragte nun der Optiker: „Sieht er denn doch etwas? Sie wollten doch eine einfache Sonnenbrille.“
Vati erklärte: „Unsere Kinder sind eben so. Daniel ist auch ohne Augen ein *Guck-in-die-Luft*!“
„Ach so“, nahm der Optiker das so hin. Ich bin überzeugt, er hat nicht verstanden, worum es ging.

1970
Die erste Sonnenbrille

Vati und ich hielten in den Urlaubswochen diverse Vorträge, indem wir die Gemeinden besuchten, mit denen wir, wegen ihrer Patenkinder in Taiwan, schon regen Briefverkehr pflegten.
Es war eine bereichernde Zeit. Denn Kontakte zu haben, oft sogar Freundschaften zu gewinnen, half uns bei unserer Arbeit und auch in unserem privaten Leben, das – so allein und weit weg in einer fremden Welt – nicht immer leicht war.
Karl und Stephan blieben gern bei alten Freunden und hatten bestimmt eine tolle Zeit, während wir auf Tour waren.
Wir hatten in den Gemeinden viel zu erzählen, waren überall willkommen.
Dich nahmen wir mit. Dich wollten wir nicht so gern bei der Verwandtschaft lassen. Außerdem fanden wir, dass du ja ein echtes „Missionskind" warst. Sie sollten dich kennen lernen, denn sie wussten durch unsere Briefe von dir, beteten für dich und spendeten viel Geld für unsere Mission. Ohne diese Unterstützung hätten wir in Taiwan nicht arbeiten können und damit auch nie von deinem Schicksal erfahren! Ja, mit Sicherheit gäbe es dich als lebensfrohen und lebensfähigen Daniel nicht!
So argumentierten wir auch, wenn es einige Menschen nicht für gut hielten, dass wir dich „vorführten". Einige sprachen sogar von dir als einem Vorzeigeobjekt! Wir waren empört!
Allerdings, in einem hatten diese Philister recht, nämlich, dass du tatsächlich zum Vorzeigen warst, so niedlich, so fröhlich so unkompliziert!
Wir konnten lebensnah und glaubhaft berichten, und das berührte die Zuhörer sehr. Warum sollten sie nicht deine ganze Geschichte erfahren? Ach, wir ließen die anderen denken und kritisieren, was und wie sie wollten. Schließlich konnten wir ausführlich über unsere Erfahrungen und Erlebnisse mit dir und den vielen anderen großen und kleinen Blinden in China berichten. Leider mussten wir auch eingestehen, dass es noch viele Schick-

sale wie das deine gab und dass wir dankbar waren für jedes Kind, das wir in die Blindenschule holen konnten. Dort konnte es, mit der Hilfe der Missionsgemeinden in Deutschland, ein Zuhause finden und außerdem fürs Leben lernen.
Wo immer wir Blinden begegnen, da bemerken wir leider oft auch Ergebenheit in das eigene Schicksal, Selbstmitleid, Mutlosigkeit und – was ganz schlimm ist – auch sehr viel Gelähmtheit. Daran sind wir als Gesellschaft mitschuldig, gebrauchen wir doch unbedacht Sätze wie: „Das ist nichts für einen Blinden!" oder „Das kann er leider nicht, weil er blind ist!"
Nun aber begegnetest du den Menschen als kleiner, lebensfroher, blinder Junge, zeigtest, dass du in der Lage warst, dich frei zu bewegen, zu reden und zuzuhören und dass du überhaupt alles konntest, nur weil du neugierig und unternehmungslustig warst.
Warst du also ein Botschafter aller Benachteiligten? Ach, sollte doch jeder darüber denken, wie er wollte! Wir als Familie waren glücklich und dankbar, dass es dich gab, und das war gut so!
Wir stellten unsere Vorträge unter das Wort: „Was ihr getan habt einem meiner geringsten Brüder, das habt ihr mir getan!"
Das wollten wir vermitteln! Geld und Gebete kamen zu uns in die Missionsarbeit. Wir brauchten beides ganz dringend und auch die menschlichen Kontakte, die sich daraus ergaben. Dann konnten wir in Gottes Namen unsere Arbeit tun und sei sie noch so schwer und belastend. Auf unseren Reisen spürten wir die Anteilnahme der Gemeinden und empfanden sie als Stärkung.
Wir erzählten von den benachteiligten jungen und alten Menschen. Es waren nicht nur ärmliche, vielmehr menschenunwürdige Verhältnisse, die wir vorfanden, wenn wir Hausbesuche bei Familien machten, die neben vielen anderen außerdem noch ein blindes Kind hatten. Unbeschreiblich fast, wo wir diese manchmal vorfanden! Sie waren oft in weit entfernten Ecken und Winkeln ihres Hauses versteckt, damit sie kein anderer entdeckte.

Blinde und andere behinderte Kinder waren eine Strafe der Götter, die man nicht öffentlich eingestehen wollte. Die Kinder erhielten keine Fürsorge, keine Ansprache, keine Hygiene!

„Denn sie wissen nicht was sie tun …“

So erschüttert und traurig wir oft bei diesen Hausbesuchen waren, konnten wir doch keinen Stein auf die Menschen werfen. So vieles machte die Familien unfähig, das Schicksal mit einem blinden Kind anzunehmen. Armut spielte da eine große Rolle, aber auch Aberglaube, Unglaube und die Angst vor den Göttern.

Nicht immer gelang es uns, die blinden Kinder aus solch einem deprimierenden Umfeld herauszulösen, weil die Eltern nicht verstanden, warum wir gerade denen eine bessere Lebensgrundlage geben wollten, für die es „sich doch nicht lohnte“. Dann waren wir dankbar, wenn wir versichern konnten, dass unsere Mission kein Geld von ihnen fordern würde, und wir durften die armen Menschenkinder meist in unsere Blindenschule mitnehmen, die für sie zu einer Oase wurde.

Ja, wir waren sehr dankbar! Nur die Hilfe der Gemeinden in Deutschland machte es möglich, dass wir so arbeiten konnten. Darüber in Vorträgen und Bilddokumentationen zu sprechen, war uns deshalb ein Bedürfnis.

Du hast bei diesen „Besuchsreisen“ schon viele Kirchen „gesehen“, bist in ihnen und in den Gemeindesälen herumgekrochen, während wir redeten und Dias zeigten.

„Er putzt Staub bei Ihnen“, sagten wir dann manchmal, und das wurde fast zu einem geflügelten Wort.

So war es auch in Munster, in der Kirchengemeinde St. Urbani. Wer hätte zu der Zeit ahnen können, dass du hier einmal deinen Arbeitsplatz finden würdest? Immerhin prüftest du – noch in den Kinderschuhen steckend – hier schon mal Größe und Akustik der Kirche. Du klatschtest in die Hände und riefst laut und langsam:

„Hallo!“, um das herauszufinden. „Große Kirche!“, stelltest du bei St. Urbani fest. Damit gabst du dein kindliches Urteil ab.
„Interessant“, sagten die Leute, und eine Kirchenvorsteherin in Munster fragte zweifelnd: „Was kann aus so einem Menschenkind werden?“
„Ihr Kantor, Frau Meyer!“, stellten wir dich dreiundzwanzig Jahre später vor. Das war die verspätete Antwort auf ihre zweifelnde Frage.
Dass du einmal Kirchenkantor werden würdest, ahnten wir noch nicht, dass dir aber Musik bereits als ganz kleinem Jungen viel Freude machte, ließ uns hoffen, dass du vielleicht etwas mit Musik zu deinem Beruf machen könntest. Du zeigtest Gefallen am Hören und Singen und konntest tonrein nachsingen, was du hörtest. In der Blindenschule gefielen dir Konzerte der Kinder nicht so sehr, aber beim Chorsingen hast du dich gern zum Mitmachen animieren lassen. Oft machtest du aber auch nur „taktvoll“ mit, durch Händeklatschen oder auf die Bank klopfen. Wir sagten dazu: „Verdeckte Chorleitung!“

Sechs Monate hattest du Zeit, unsere und auch deine spätere Heimat kennen zu lernen, auch wenn sich vieles in Kirchengemeinden und Vortragssälen abspielte. Die Sicherheit, mit der du damals alle neuen Örtlichkeiten erkundetest, war nicht nur für uns immer wieder verblüffend. Man hatte oft den Eindruck, deine Blindheit würde dich gar nicht behindern. Wir sahen dich ja auch niemals als „Behinderten“ an.

Du warst etwa zweieinhalb Jahre alt, als wir wieder nach Taiwan zurückflogen. Unterwegs legten wir noch einen Zwischenaufenthalt in Osaka, Japan, ein.
Da wohnten wir in einem Wolkenkratzerhotel. Am Morgen unserer Weiterreise streiften wir noch durch die Einkaufsebene im

Untergeschoss des Hotels. Eigentlich hatte ich dich dabei fest an der Hand, damit du dich nicht auf Entdeckungsreise davon machtest, aber genau das passierte plötzlich. Du warst nirgends mehr zu sehen. Aufgeregtes Rufen, Suchen, Rennen, bis der Portier berichtete, jemand hätte ein Kleinkind im 14. Stock des Fahrstuhls gefunden und wolle es zur Lobby herunter bringen, aber der kleine Junge säße auf dem Boden des Lifts und ließe sich nicht anfassen, rede nur wirres Zeug.

Mein Gott, was war bloß passiert?

Wir glaubten natürlich, dass du das besagte Kleinkind sein könntest, nur das „wirre Zeug“ passte so gar nicht zu dir.

Dann schwebte der Lift mit einem schreienden Kind darin zu uns herunter, aber es war ein unmissverständliches Protestgeschrei.

Erleichtert nahmen wir dich in die Arme und hoben die nötige Standpauke für später auf, weil da noch so viele Leute herumstanden.

Dann erfuhren wir, was geschehen war. Du hattest am Fahrstuhl gestanden, als die Tür aufging und jemand dich auf Englisch fragte: „Willst du auch noch oben?“

Du wolltest. Und schon glitt der Lift mit dir und vielen anderen hoch und höher. Dann bemerktest du wohl, dass sich deine Familie nicht mit im Aufzug befand. Was also tun? Die Situation war nicht einfach für dich. Du vertrautest darauf, dass wir dich in Kürze „retten“ würden, setztest dich einfach auf den Boden und weigertest dich auszusteigen. Auch die Versuche, dich mitzunehmen, verhindertest du energisch, weil es dir verboten war, mit fremden Leuten mitzugehen. Das sagtest du immer wieder in Deutsch, Englisch und zwei chinesischen Dialekten, nur leider nicht in Japanisch. Das also war das „wirre Zeug“!

Um uns herum standen genug Zuhörer, die nun begeistert klatschten. Die noch ausstehende Standpauke schwächte sich

damit gewaltig ab, denn eigentlich hattest du dich ja völlig richtig verhalten.
Wir hatten an diesem Morgen wieder etwas dazugelernt. Absoluter Gehorsam war für deine Sicherheit nicht ausreichend. Es gab sie auch nicht. Stets musste auch der Verstand aktiviert werden. Du hattest es begriffen!
Und wir fanden oft Gelegenheit, über deinen ständig zunehmenden Verstand zu staunen. Welch ein Geschenk! Alles an dir schien „normal" zu sein. Längst ließ ich das Tagebuch zugeklappt. Du warst für dein Alter völlig normal entwickelt, lieber Daniel!

1970

mit Karl

Durchblick – Anblick

Zurück in Taiwan baten wir Sophia, nach einem „Augenmacher" zu suchen. Wir würden es wohl nie lernen, uns in einem chinesischen Telefonbuch zurechtzufinden.

Unterdessen entbrannte in der Familie eine rege Diskussion, welche Farbe deine Augen bekommen sollten. So viele Nuancen möglich waren, so viele Möglichkeiten haben wir erwogen und wieder verworfen. Du verhieltest dich zunächst unbeteiligt, doch als die Wogen ziemlich hoch gingen, glättetest du sie mit dem wirklichen Knüller: „Ich will leuchtende Augen haben!"

Vati darauf ganz gelassen: „Wir werden sehen, was sich machen lässt."

Warum du eine Brille tragen solltest, wolltest du wissen. Wir wollten sicher sein, dass du nicht in den Augen reibst, wenn deine Glasaugen darin saßen. Wie wir dich kannten, würdest du sie viel zu gerne untersuchen und „anschauen" wollen, und dann hättest du sie womöglich verloren, oder sie wären zersprungen, wenn eines vielleicht auf die Erde fiele.

Aber noch suchten wir nach einem geeigneten Augenmacher. Wir sorgten uns, ob der denn seine Arbeit auch so genau nahm, dass die Prothesen gut angepasst waren, dass sie gut aussahen, nicht so einen starren Blick hatten, die richtige Augenfarbe und, und ...

Vati war wieder mal ganz Herr der Lage. Er tröstete mich, dass wir doch ganz andere unsichere Situationen gemeistert hätten, seit wir hier in Taiwan lebten.

Genau da dachte ich an die vielen Glasaugen, die sozusagen „von der Stange" an die Blindenschule gespendet worden waren. Jedes Kind, das ein Auge brauchte, bekam davon eines „verpasst". Manchmal passten sie gerade nur so, eben „cha-pu-do", so ungefähr.

Die betroffenen Kinder gingen mit den Prothesen stocksteif einher, wurden sogar vom Sport befreit, alles nur, damit sie ihre Glasaugen nicht verloren. Es passierte leider ziemlich oft, dass es „Pling“ machte, und schneller als gedacht, war so der Vorrat aufgebraucht. Die Erfahrungen beunruhigten mich doch etwas.

Dann war es endlich so weit. Wir erlebten einen hochinteressanten Vormittag bei dem chinesischen Okularisten.
In Deutschland haben diese meist ein „Atelier für künstliche Augen“. Die Firma hier in Taiwan war keine im herkömmlichen Sinn, und auch weit davon entfernt, als Atelier bezeichnet zu werden. Es war einem unaufgeräumten großen Wohnzimmer ähnlich und auch wie ein Wohnzimmer eingerichtet. Mitten drin stand ein Tisch mit unzähligen Schälchen, Döschen, Förmchen, diversen Pinseln, Spateln und anderem „Handwerkszeug“, hier noch ein kleiner Tiegel, da ein Messlöffelchen und ein Bunsenbrenner.
Der Chef dieser „Augenfabrik“ (wie es auf Chinesisch heißt, haben wir nicht in Erfahrung bringen können) war ein alter, gebückt gehender Mann, mit Brillengläsern, wie ich sie noch nie so stark und so hässlich gesehen hatte. Er grummelte uns in Mandarin an – das war die Schul- und Behördensprache. Leider hatte uns unsere chinesische Sekretärin nicht begleiten können. Wir schüttelten den Kopf, er radebrechte ein unverständliches Englisch, und wir schütteln noch einmal den Kopf. Dann versuchte ich, meine kümmerlichen taiwanesischen Sprachkenntnisse anzubringen. Da strahlte er erleichtert.
Er setzte dich auf einen Hocker und schaute dich sinnend an. Aber dann musste wir erst noch die übliche Begrüßungslitanei über uns ergehen lassen, mit dem ganz einfachen Zweck, uns kennen zu lernen. Er wollte wissen, wie wir hießen, wie alt wir waren, wie viele Kinder wir hatten usw. Diese Befragung kann-

ten wir, die war typisch für jeden Chinesen. Ich konnte alles in beinahe perfektem Taiwanesisch beantworten, dachte ich jedenfalls, aber wir sahen durchaus auch Ratlosigkeit, gepaart mit der sprichwörtlichen Höflichkeit der Chinesen, in dem Gesicht des alten Mannes.

Dann wog er ab, mischte, rührte – eine Prise hiervon, eine aus der hintersten Ecke des Tisches, ein paar Tropfen aus einem Fläschchen, die da auch in beachtlicher Zahl herumstanden. Aus einem Säckchen wurde etwas Mehlähnliches dazugemischt und dann gedrückt und geknetet. Wir schauten atemlos zu. Keine Frage nach gewünschter Augenfarbe. Er schien sein Handwerk zu verstehen, wie wir aus der Sicherheit seiner Bewegungen herauslasen. Dann Suchen nach etwas, das schließlich mit einem, wie uns schien, erleichtertem Auflachen gefunden wurde. Das war eine Form an einem Stiel, mit einem Deckelchen. Da hinein kam das bisschen zusammengedrückte Material. Es hatte kaum mehr als Haselnussgröße.

Dein Vati konnte es nicht lassen zu bemerken, es sei eine Atmosphäre wie in einer Hexenküche! Ich hatte immer noch Sorge, ob das der richtige Augenmacher war, und mochte mir diese, oder eine andere, Hexenküche gar nicht genauer vorstellen.

Unschlüssig hielt der Chef nun die Form in der Hand, bis ihm eingefallen war, dass wir noch ein zweites Auge brauchten. Also wurde der ganze Vorgang im gleichen Stil noch einmal wiederholt. Wieder fragte er nicht nach der Augenfarbe. Vati sagte grinsend: „Er hat doch schon beim ersten Auge seine Entscheidung ohne uns getroffen. Stell dir vor, er fragt und wir wünschten uns *leuchtende Augen* für Daniel!"

Mich schauderte! Bloß in dieser Phase keine Missverständnisse heraufbeschwören! Dann läufst du armer Kerl womöglich mit zwei verschiedenen Augen herum.

Inzwischen war die zweite Form auch gefüllt und in eine Art Backofen gelegt. Wirklich schade, dass wir zwar alles genau verfolgen konnten, aber wegen der Sprachschwierigkeiten keine Erklärungen dazu bekamen.

Dann wurde auf dem Tisch zusammengeschoben, was sich schieben ließ, und herein kam seine Thai-Thai[8] mit dampfenden Suppenschüsseln. Sogleich war der Raum von einem köstlichen Duft erfüllt, und es schmeckte genauso köstlich!

Und du erfreutest das Ehepaar, indem du in einwandfreiem Chinesisch sagtest: „Chia-pah“ und dir über das Bäuchlein strichst. Das hieß: „Ich bin satt. Es hat gut geschmeckt!“

Der Ofen klingelte, und ganz sacht wurden die Formen herausgenommen, erst gekühlt und dann geöffnet.

Wir hielten den Atem an, als zwei kleine glänzende „Murmeln“ auf ein blitzsauberes Taschentuch gelegt wurden: ein winziges Augenpaar mit einer braunen Iris. Sie flutschen problemlos aus den großen Händen in deine kleinen Augenhöhlen und saßen perfekt.

„Leuchten sie?“, fragtest du neugierig und Vati antwortete mit verhaltener Stimme: „Zwei wunderschöne kleine braune, wie blank geputzte Augen.“

Mir kullerten ein paar Tränen. Wie sahst du jetzt „normal“ aus und so schön! Du schautest uns an und konntest sogar mit den Augenlidern blinkern. Ein bewegender Anblick!

Das waren deine ersten Augen, Daniel. „Gebacken“ aus einer Masse, über die wir wegen der Sprachbarriere wenig in Erfahrung bringen konnten. Alle späteren Exemplare wurden schon – kunstvoll aus Glas geblasen – in Deutschland hergestellt.

---

8 Ehefrau

Einmal wurde ich Zeuge eines Frage-Antwort-Spiels zwischen dir und einem Gast in unserem Haus. Die Dame schaute, wie so viele andere, zweifelnd auf deine schönen Augen: „Und du kannst wirklich nicht sehen?"
„Doch, mit den Ohren. Aber das gefällt meinen Eltern nicht. Sie sagen, dass nur die Augen zum Sehen sind."
„Woher weißt du, dass die Zimmertür offen ist?"
„Es zieht!"
„...dass deine Jeanshosen blau sind?"
„Karl hat auch blaue, hat er mir erzählt."
„...dass eine Rose Dornen hat?"
„Sie hat mich gestochen."
Das war mal wieder das Ergebnis unserer vielen lehrreichen Erklärungen. Wir wollten doch immer, dass du Begriffe der Realität richtig zuordnen konntest, um sie dann ebenso zu gebrauchen wie wir Sehenden.
In diesem Falle hatte das „Ohrensehen" auch noch einen sehr wichtigen Aspekt, den wir mit deinem zunehmenden Alter nicht übersehen durften. Wenn du nämlich deinen kleinen Kopf beugtest, waren die ebenso kleinen, aber hoch sensiblen Ohren an oberster Stelle des Kopfes und fingen die Schallwellen direkter auf. Deshalb wehrtest du dich auch immer gegen Mützen oder andere Kopfbedeckungen.
Trotzdem solltest du den Kopf „nicht hängen lassen", weil das deine Körperhaltung beeinträchtigte. Du vergaßest aber unsere Mahnungen immer wieder, weil dir der hängende Kopf überhaupt nichts ausmachte und du deine Körperhaltung ohnehin nicht sehen konntest. Viele Kinder aus der Blindenschule hatten auf diese Weise körperliche Fehlhaltungen, die bei mehr Aufmerksamkeit hätten vermieden werden können. Dazu gehörte zum Beispiel auch die Kontrolle über die Gesichtsmimik – das Grimmassen schneiden.

Für dich war es natürlich wichtiger, dass du mitbekamst, was um dich herum geschah. „Aber das können wir doch nicht durchgehen lassen!“, klagte ich Vati meine Sorgen und auch ein bisschen meinen Ärger über deine Sturheit.
Er hatte eine Idee und, wie so oft, tatsächlich Erfolg damit: „Entschuldige, Daniel, du siehst gar nicht gut aus! Man könnte meinen, mit dir stimmt etwas nicht!“
Wir nannten solche und ähnliche aufklärende Reden seither „Hämmerchen-Methode“. Du musstest die Realität verstehen lernen und das ging nicht immer mit zarten Hinweisen, eher mit dem „Hämmerchen“.
Die Jungen waren da direkter und behaupteten: „Du siehst bescheuert aus!“
Ich konnte mir beim erstmaligen Gebrauch dieses Ausspruchs kaum das Lachen verkneifen, denn natürlich wolltest du sofort wissen was „bescheuert“ heißt. Karl kam in Beweisnot, während Stephan ungerührt erklärte: „Du siehst doof aus!“ Dabei dehnte er „doof“ sehr lang, und das kam richtig bei dir an.
In der Folge merkten wir, wie du dich bemühtest, nicht doof auszusehen.
Es begann nun gewissermaßen eine „Augenperiode“ in unserem Tagesablauf. Du bekamst zwangsläufig einen anderen Ausdruck. Man schaute dich bewundernd an, und es kam sogar vor, dass jemand feststellte, dass du nun nicht mehr so viel schliefst. Da musste ich mich tatsächlich erst erinnern, dass deine stets geschlossenen Augenlider früher manchmal Irritationen hervorgerufen hatten. Mit deinen zwei und mehr Jahren konntest du da auch schon mal die Leute erschrecken, wenn sie flüsterten: „Ach, der Kleine schläft!“
„Nein, ich bin bloß blind!“
Die niedlichen Augenprothesen waren in der Nacht natürlich nicht durch die Brille geschützt. Deshalb passierte es schon, dass

du sie in einer deiner Wachphasen mal herausholtest. Pech, wenn sie dir dann entfielen, klein und kugelig, wie sie nun mal waren. Manchmal kamst du ganz harmlos an und fragtest: „Ja, wo sind denn nur meine Augen?"
Wie oft ist dann einer von uns auf dem Boden herumgekrochen, um ein Auge zu suchen.
Wir muteten dir aber auch Verantwortung zu. Du musstest lernen, die Prothesen herauszunehmen und nach der Reinigung wieder in deine leeren Augenhöhlen zurückgleiten zu lassen. Kein Problem, deine kleinen Finger machten das sehr geschickt. Trotzdem legten wir ein Tuch ins Waschbecken, falls dir mal ein Äuglein aus der Hand fiel.
Bei dem ersten „gebackenen" Paar war die Zerbrechlichkeit nicht so sehr groß, weil sie ja aus einer recht widerstandsfähigen Masse bestanden. Die späteren Glasaugen in Deutschland waren weit anfälliger. Sie wurden geblasen und waren hohl.
Deine Taiwan-Exemplare waren fast wie Glasmurmeln. Das verleitete dich, sie auch mal in den Mund zu nehmen, um sie genussvoll hin und her zu rollen. Als du dabei einmal ein Auge verschluckt hattest, waren wir im Zweifel, ob wir dich auszanken sollten oder fürchten mussten, dass dir der Fremdkörper in deinem Bauch schaden würde. Wir unterließen beides, weil wir bemerkten, dass du dich genug damit bestraft fühltest, als wir dich wieder aufs Babytöpfchen setzten, obwohl du doch schon voller Stolz das Klo benutzen konntest. Wir milderten deinen Frust, indem wir dich beauftragten, sehr genau hinzuhören, ob es im Töpfchen „klingelte".
Das war nicht nur Beschäftigungspraxis, vielmehr sehr wichtig, damit wir ausschließen konnten, dass sich die „Augenmurmel" nicht irgendwo im Darm einkapselte.
Alles wurde gut oder sogar besser, weil du nun deine Lektion wieder einmal gelernt hattest. Verschlucken würdest du kein

Auge mehr, versprachst du unaufgefordert. Fortan hütetest du deine kleinen Augen wie ... na, eben wie „kostbare Augäpfel".

Jetzt wurde es aber nötig, dich öfter zu ermahnen, deine Augen offen zu halten. Stephan erklärte ziemlich deutlich: „Wir müssen unsere Augen auch aufmachen, sonst hauen wir uns den Kopf am nächsten Pfahl kaputt!"

„Ich passe schon auf!"

Karl formulierte es drastischer: „Der kann ja im Stehen und im Gehen schlafen! Komischer Kerl!, sagen dann die Leute von dir".

„Komischer Kerl", kam dir wie ein Schimpfwort vor, und hatte damit wieder mal seinen Zweck erfüllt.

Einige Zeit hing im Kinderzimmer ein kleiner Kinderhammer mit einem rosa Bändchen. Wir schauten oft dahin. Manchmal musste die Familie eben die eine oder andere hammerharte Methode bei dir anwenden.

Da du ein bemerkenswertes Orientierungsvermögen hattest, deine Wege meist ohne Schwankungen gingst und selten irgendwo anecktest, weil du immer mit wachen Sinnen gingst, warst du für manche Beobachter entweder ein Phänomen oder ein Simulant. Letzteres glaubten sie eher – so sicher, wie du daherkamst. „Wahrscheinlich kann der Junge doch etwas durch die Glasaugen sehen!"

Wir erklärten uns die Zweifel damit, dass dein Gesichtsausdruck so klar und unbeschädigt war, wie das bei einem Blinden (Volksmeinung) eigentlich gar nicht sein konnte!

In der Tat, fehlten dir nur die Augäpfel, die nun durch die schönen künstlichen ersetzt waren. Dein Gesicht war immer untadelig und glatt, nichts Krankes, keine Narben, und – ich muss es mal als Mutter mal aussprechen dürfen – ausgesprochen hübsch! Da es in den Augenhöhlen auch keine Narben gab, saßen die Prothesen bestens. Du warst ein gut aussehender Junge und wir waren unendlich dankbar für dein Leben.

An deiner geistigen Beweglichkeit war längst kein Zweifel mehr. Wir wünschten, die amerikanische Lady könnte dich so erleben, aber zu ihr bestand kein Kontakt mehr. Nur die amerikanischen Dollars in den Spardosen der Kinder und ein paar Bilder erinnerten an sie.

Aber nicht nur der Stolz über dein gutes Aussehen bewegte mich als Mutter. Wie konnte deine Zukunft aussehen? Was würdest du lernen, vielleicht studieren? Wie würdest du dein Geld verdienen können? Würdest du einmal eine Frau finden? Und wie sollte die sein?

Was sagte der Vati in solchen Fällen zu mir? „Oh, du meine Kleingläubige! Wissen wir es nicht besser? Alle unsere Sorgen dürfen wir doch auf IHN werfen".

Und er erinnerte mich an unseren Trauspruch: „Fürchte dich nicht, glaube nur!"

Trotzdem durften wir die Hände nicht in den Schoß legen. Seit wir aus Deutschland zurückgekehrt waren, betrieben wir mit Nachdruck deine Adoption, Daniel Y-Ming. Das war eine ziemliche Prozedur. Entsprechende Anträge gingen von den taiwanesischen Behörden über Hongkong nach Berlin und wieder zurück nach Taiwan. Da es noch vor dem Computer-Zeitalter war, dauerten die Nachforschungen auch entsprechend lange.

Unser großer Dank gilt noch heute Sophia – immer noch unsere Sekretärin für alle Fälle – und deiner Ziehmutter Ruth Chen. Beide kämpften sich durch den Wust von chinesischen Fragebögen und setzten als Zeugen oder Garanten ihren privaten Stempel (gleichbedeutend mit unseren Unterschriften) unter die Dokumente, die dann in Berlin umständlich und genau geprüft wurden.

Erst sehr viel später erfuhren wir, dass Ruth Chen privat viel Geld gezahlt hatte, um dich aus deinem Geburtsland auszulösen. Sie zahlte sogar an das (schreckliche) Waisenhaus und an die Behörden Ablösungen, um dich „freizukaufen“. Das war „Chinese Way of Life“!

Dann hatten wir deine Geburts- und Adoptionsurkunde in den Händen und es war ein doppelter Feiertag, weil beides genau an deinem Geburtstag eintraf. (Anm.: Drei der chinesischen Seiten sind nachfolgend abgebildet, leider nicht in Farbe, so dass die vielen roten Stempel nicht zur Geltung kommen.)

Gleich entwarfen wir eine Anzeige für zu Hause und verschickten sie erleichtert an Verwandte und Freunde. Übrigens hießest du nun ganz offiziell „Daniel Heinrich“. Y-Ming blieb als Zweitname, ein Stück China passend zu deiner Physiognomie.

Hier nun die freudige Meldung nach Deutschland

An meinem Geburtstag, dem 15.7., mußte ich lernen: „Ich bin drei Jahre!“
Dann bekamen Vati und Mutti einen Brief, in dem etwas über mich stand. Da mußte ich noch einen Satz lernen: „Ich heiße Daniel Heinrich!“ Darüber bin ich so froh, daß ich das allen Freunden und Bekannten unserer Familie erzählen muß, denn ich weiß, daß soviele für mich gebetet haben. –

Es grüßt aus Taiwan

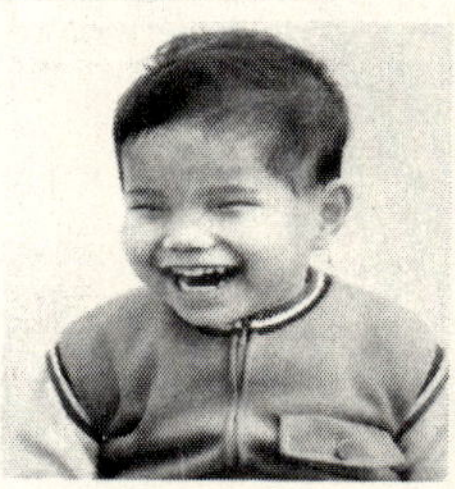

und dankt ganz herzlich

Daniel Heinrich
mit Eltern und Geschwistern

訂正壹字

加貳字

訂正壹字

第六條：乙方監護人不因本件收養接受甲方任何名義之款物。

第七條：本收養係合意訂立收養關係，非經雙方同意或有法定原因不得請求終止。

第八條：本收養書由雙方簽名蓋章，並經法院公證後即時生效。

立收養書人甲方養父：韓　理

養母：韓　文　善

現在住址：台中市金山路五〇號

西德住址：Hildesheim Sedan Str. # 33

乙方養子：石　義　明

乙方監護人：私立西德基督教惠明盲人福利會附屬

台中縣盲童育幼院院長　陳　淑　靜

住址：台中縣大雅鄉雅潭路五十七號

見證人：郭　榮　祥

住址：台中縣大雅鄉雅潭路五十七號

見證人兼通譯：蔡　維　禮

住址：台中縣大雅鄉雅潭路五十七號

中華民國陸拾年貳月肆伍日

應逕受強制執行者其本旨

有第三人允許或同意者其證明

有通譯或見證人到場者其事由

郭榮祥男叁陸歲台灣人業教員身份証林斗仁壹壹貳肆号李維禮男叁叁歲台灣人業教員身份証高市鼓德零叁捌柒号均住大雅鄉三和村雅潭路伍柒号到場見証

作成證書之年月日及處所

本證書於中華民國陸拾年貳月肆日在台中地方法院公證處作成

右證書經左列在場人承認無誤

收養人 韓理 韓文喜

被收養人 石美明

監護人 陳淑静 台中縣惠明盲童育幼院院長

見証人 郭榮祥 李維禮

中華民國 年 月 日

台灣台中地方法院公證處公證人 詹洞蕭

陸拾 年 貳 月 肆 日

右 本文付與 收執

收養書

立收養書人養父韓理 Christian Joachim Heinrich 養母韓文善 Brunhilde Mathilde Heinrich（以下簡稱甲方）。被收養人石義明（以下簡稱乙方）。私立西德基督教惠明盲人福利會附屬台中縣盲童育幼院院長高淑靜（以下簡稱乙方監護人）。今因收養子女事件訂立收養書，雙方協議事項如左：

第一條：甲方願意收養乙方爲養子（乙方係民國伍拾柒年柒月拾伍日出生），是由其監護人收容之棄嬰，乙方監護人爲該棄嬰之前途，同意將其交由甲方收養。

第二條：自收養成立日起，甲方與乙方發生養父母與養子關係，乙方改從甲方之姓，與甲方共同生活，雙方之權利與義務悉依法律規定。

第三條：甲方對乙方應善盡撫養教育之責，不得有虐待情事。

第四條：乙方監護人同意甲方將乙方隨帶出國或帶回其本國。

第五條：乙方監護人應會同甲方向有關機關申請辦理各項登記手續，倘需乙方監護人另立字據或出面蓋章時，應盡力協助辦理，不得藉故刁難或拒絕。

Unser jüngster Sohn

Nach der Rückkehr aus Deutschland und deiner behördlichen Anerkennung als unser Sohn schien der letzte Teil unseres Missionsaufenthaltes viel schneller abzulaufen als der erste. Es war wie in einem schönen Urlaub. Hatte man die Hälfte erst überschritten, kam auch schon bald das Ende. So ging es jetzt auch uns. Mit drei Kindern waren wir vor sechs Jahren hier angekommen. Als Friederike ins deutsche Internat ging, waren es nur noch zwei, als du in unser Leben tratest. Inzwischen hatte Friederike auch das Internat wieder verlassen, um ein Jahr die amerikanische Schule in Taiwan zu besuchen – wie übrigens Karl und Stephan auch. Jetzt waren es wieder vier hier in Taiwan!

Bald rüsteten wir für unsere endgültige Heimkehr nach Deutschland. Sechs Jahre gingen dem Ende zu. Schon zwei Monate vorher brachte uns die Speditionsfirma die Container für das Umzugsgut. Zurück blieb nur noch eine karge Einrichtung, die nicht lohnte, sie zu verschiffen.

Wie doch die Zeit dahingerast war. Eben erst hatten wir die Seekisten in Deutschland gepackt für eine unbekannte, unsichere und damit auch eine etwas unheimliche Zukunft in Taiwan.

Das hatte sich aber im Verlaufe der sechs Jahre grundlegend geändert. Land und Leute waren zu Freunden geworden und für uns und unsere sechs Jahre älter gewordenen Kinder auch ein Stück Heimat.

An dir gingen die Wehmutsgedanken vorüber. Du fandest alles äußerst interessant und aufregend. Deshalb hatten wir unsere liebe Not, dich von den Umzugskisten fernzuhalten, nachdem wir dich schon kopfüber darin hängend vorgefunden hatten. Du wolltest ja nur nachsehen, ob dein Dreirad auch noch Platz darin hätte. Und überhaupt: „Ich wollte doch nur sehen, ob auch alles drin ist, was ich mitnehmen möchte!“

1972
Daniel und die Umzugskartons

Da kam Mr. Chai, unser Houseboy, dein ganz besonderer Freund, mit einem guten Angebot. Er wollte dich eine Weile aus dem Umzugsverkehr ziehen und etwas mit dir unternehmen. Vergessen waren da für dich „deine Sachen“. Mit großem Vergnügen hocktest du auf seinen Schultern, einem deiner Lieblingsplätze. „Hier habe ich über alles einen guten Blick,“ behauptetest du.

Wir waren froh, dich aus dem Gewusel herauszuhaben, aber wir waren wohl auch etwas unaufmerksam, als ihr verschwandet. Erst spät abends machten wir uns darüber richtig Gedanken. Aber unsere Sorge war unberechtigt. Fröhlich erzähltest du nach der Rückkehr, dass du Zug gefahren (tatsächlich zum ersten Mal) und dann in Mr. Chais Haus gewesen warst. Wir erfuhren, dass er dich seiner Familie vorgestellt hatte und dass ihr einen sehr lustigen Nachmittag gehabt hattet. Daran war kein Zweifel. Du warst beeindruckt von dem Haus der Chais. Es war eins von denen, die bei einem heftigen Taifun ganz leicht zusammenfallen konnten. Zu ebener Erde war nur ein großer „Wohnraum“ mit dem für chinesische Verhältnisse üblichen Hinterhof. Ich hatte das einmal in meinen Briefen nach Deutschland beschrieben.[9]

Damals dachte noch niemand an dich, aber du wirst dich an die humorigen, zum Teil schaurigen Erzählungen der übrigen Familie erinnern. Unser erstes Haus, in den Wochen nach unserer Ankunft in Taiwan, war nämlich mehr eins, das den Bedürfnissen eines jeden Chinesen genügt hätte. Uns beeindruckte damals besonders der Hof, der, mit dem vorsintflutlichen Badeofen und dem Gerümpel zum Verbrennen drum herum, nach deutschen Maßstäben eher einem Schrottplatz ähnelte. Das Terrain war viel zu klein, um auch nur annähernd Ordnung zu halten, aber groß genug, für das unendlich viele Ungeziefer. Damals war unsere vordringlichste Aufgabe, das kriechende, flatternde, lauernde, total widerliche Getier aus der Wohnung fernzuhalten.

Wie hatte es bei Mr. Chai und seiner Familie wohl ausgesehen? Schade, du konntest uns das leider nicht beschreiben. Nur von einem Kriechboden mit den Tatamis zum Schlafen erzähltest du begeistert, weil du eine wackelige Holztreppe allein hochklettern durftest.

---

9 Siehe „Moskitos sind Mücken auf Deutsch“, Seite 29 ff.

„Bei der Chai-Familie war ich ganz groß!“, schwärmtest du. „Ich kam mit den Händen bis an die (Zimmer-)Decke!“ Aha, der Kriechboden!
Blindsein kann auch einen positiven Effekt haben, dachte ich. Jedenfalls nahmst du alles in dem chinesischen Haus mit wachem Interesse auf und gabst es uns mit deinen Möglichkeiten wieder. Manches war aber doch verworren und unverständlich. Da bot Sophia an, den Chais einen Besuch zu machen, denn sie wohnten ganz in der Nähe von ihrem eigenen Haus. Von ihr bekamen wir auch eine detaillierte Beschreibung deines erlebnisreichen Ausflugs. Wir hörten und sahen, als wären wir dabei gewesen, eines der facettenreichen Bilder Chinas, mit denen wir in den vergangenen sechs Jahren immer wieder die Chance gehabt hatten, uns anzufreunden.
Sophia wusste außerdem zu berichten, dass die Familie sich mit dir in einem komischen, aber durchaus verständlichen Taiwanesisch prächtig unterhalten habe. Unverständliches hättet ihr einfach weggelacht.
„Dann haben sie wohl viel gelacht!“, kommentierte Vati lapidar. Trotzdem bewunderten wir deine Sprachkenntnisse, denn mit deinen drei Jahren konntest du dich tatsächlich in vier Sprachen verständlich ausdrücken: Mandarin, Taiwanesisch, Englisch – und Deutsch sowieso. Beneidenswert!

Nach langem Bedenken beschloss der Familienrat, dass ich mit dir und Stephan zunächst nach Deutschland fliegen sollte, um für die ganze Familie Quartier zu machen, während Vati mit Karl und Friederike die Zelte in Taiwan abbrach. Mit Mucke zusammen würde auch „Macavety“ nach Deutschland kommen. Das war ein noch liebenswertes kleines Fellknäuel und gehörte Friederike, deiner großen Schwester. Mit zunehmendem Alter sollte der Pekinese aber an Reife und einem beinahe unglaublichen

Selbstbewusstsein gewinnen. Man hatte uns noch in Taiwan darauf hingewiesen, dass jeder Hund dieser Rasse eine „Persönlichkeit" sei, weil er von den ehemaligen Palasthunden abstamme. Dieser edlen Abstammung hatte Macavety wohl auch seine Klugheit zu verdanken. Er verschaffte sich mit einer Art Angstbeißen bei jedem Achtung und Beachtung, der drohte, auf seine langen Haare zu treten. Niemals wich er auch nur eine Handbreit vor den Menschenfüßen zurück.

Die Ausnahme aber warst du. Wenn du ahnungslos in seine Nähe kamst, erhob er sich mit einem für dich gut vernehmbaren Schnaufer von seinem Platz und machte dir den Weg frei. Ihr habt euch sicher nicht geliebt, aber er hat dich ganz bestimmt geachtet. So warst du denn auch der Einzige in seinem Umfeld, der keine Bissnarben davontrug.

Noch aber waren wir in Taiwan und gerieten eines Tages in eine Unruhe, die uns doch wirklich schlaflose Nächte bereitete.

Zwei liebe Besucherinnen, deutsche Diakonissen, kamen aus Hongkong. Sie arbeiteten dort schon länger als wir hier in Taiwan. Länger als wir, bedeutete gleichzeitig, dass ihre Chinakenntnisse weit fundierter waren als die unseren, aber auch, dass sie gerade aus diesem Grund die Veränderungen in Deutschland nicht mehr so objektiv und realistisch einschätzen konnten. Dessen ungeachtet senkten sie mit einer ganz massiven Mahnung Zweifel in unsere Gedankenwelt: „Wie könnt ihr ein typisches Chinesenkind, mit seinem so völlig anderen, auffallenden Aussehen, nach Deutschland verpflanzen? Die andere Rasse ist doch sofort erkennbar! Der arme Daniel, er wird sein Leben lang ein schwarzes Schaf unter lauter weißen sein! Man wird mit Fingern auf ihn zeigen, ihn hänseln, ärgern und ihn wahrscheinlich nie akzeptieren!"

Ein Fremdling also, in der soliden, konservativen Welt eines anderen Kontinents mit total anderer Lebensanschauung!

Meine Güte! Die beiden Frauen schafften es doch tatsächlich, uns zu verunsichern! Sie unkten nachhaltig mit allem Negativen, dessen zwei liebe fromme Diakonissen fähig sein konnten. Und das alles, um uns vor einem „unbedachten“ Schritt zu bewahren! Mit großer Sorge und Verantwortung diskutierten Vati und ich abends im stillen Kämmerlein die Argumente der beiden. Zu diesem Zeitpunkt war aber Fakt, dass wir in dir ein bereits adoptiertes chinesisches Kind hatten. Dass wir, mit allen Rechten und Pflichten, deine Eltern waren. Was konnten oder mussten wir nach den schwerwiegenden Vorwürfen der beiden Besucherinnen nun ändern oder neu arrangieren?

Stundenlang redeten, überlegten und diskutierten wir. Dann kam das besonnene Wort vom Vati: „Das schaffen wir mit Gottes Hilfe! Hat ER uns nicht ein hilfloses Bündel in die Arme gelegt, um daraus einen lebensfähigen Menschen wachsen zu lassen? Hat ER uns nicht zum Werkzeug für die vielschichtigen Probleme eines blinden Menschenkindes gemacht? Dann sollten wir auch, bei allen aufkommenden Problemen um Rasse, Aussehen und Behinderung, SEINES Beistandes gewiss sein !“

Ach, der Vati! Er hatte ein ebenso unerschütterliches Gottvertrauen, wie ich ganz tief in meinem Herzen immer Angst und Zweifel hatte!

Wir begannen den neuen Tag mit neuem Vertrauen in Gott und seine Behütung und rüsteten weiter für den Aufbruch: Stephan, du und ich.

Willkommen und Abschied wird bei den Chinesen mit gleicher Intensität gefeiert. Doch nach sechs Jahren Zusammenleben und Arbeiten war dieses kein einfaches Abschiednehmen von höflichen Chinesen, sondern von lieb und wert gewordenen Freunden. Wir ahnten, dass das lang, ziemlich strapaziös und wohl auch ein bisschen schmerzvoll werden würde. Da war dann auch eine gute Kondition gefragt, als wir besonders viele und besonders gute Abschiedsessen, mit besonders vielen Reden und guten Wünschen, durchstehen mussten. Ausgerechnet du, unser Kleinster, offenbartest eines Abends unser aller Unbehaglichkeit. In jämmerlichem Ton, aber gut hörbar, fragtest du in einem verständlichen Chinesisch: „Wann ist das Essen alle? Mein Bauch schmeckt nichts mehr!“

Auf Deutsch würde es heißen: „Ich bin voll bis oben hin!“

Das war für die Chinesen zwar recht unhöflich, doch dir nahm man das nicht übel.

Wir waren alle satt! satt! satt! Danke, Daniel, dass du es auf den Punkt gebracht hast.

Dann war es Zeit, für die Trennung von Vati, Friederike und Karl und vielen chinesischen Freunden. Alle waren sie zum Flughafen gekommen, und ihr gesungener Reisesegen begleitete uns bis ins Flugzeug.

Ihr beiden Jungen wart so wuselig und aufgeregt wie ich, von vielen Umarmungen und Abschiedsküssen erschöpft und derangiert. Nette Stewardessen brachten uns kurzerhand in der geräumigen 1. Klasse unter.

Ich sank erleichtert in die Polster und ließ den Tränen freien Lauf. Stephan, dein besorgter großer Bruder, bat eine Stewardess mit kindlichem Ernst: „Können Sie meine Mutter trösten? Sie ist traurig, weil wir uns von unserem Vati getrennt haben!“

Und was immer sich die Damen dachten, sie bedienten und verwöhnten uns rührend!

Während Stephan ins Cockpit zum Kapitän durfte, hieltest du, unser neugieriger Kleiner, die Stewardessen mit vielen Fragen auf Trab, und ich fand allmählich wieder aus meinem Gefühlschaos heraus.

Es war die Ruhe vor dem Sturm, aber das wussten wir zu dieser Zeit noch nicht.

Dann begann das Drama der Entführung unseres Lufthansa-Jets am 22. Februar 1972![10]

In dieser wohl gefährlichsten Situation meines Lebens galt meine ganz besondere Sorge meinen beiden Jungen.

Ihr wart bei mir. Eine unbeschreibliche Nähe baute sich zu euch auf, die sich in den späteren Jahren auch nicht verlor, sondern unser Mutter-Söhne-Verhältnis beglückend festigte und bestimmte. Aber eure Angst und Unsicherheit bei der Entführung verband sich damals so eng mit meinem Wissen um die Gefährlichkeit des Augenblicks, dass ich gerade dadurch die Kraft zum Durchhalten fand – euretwegen –, wenn es denn zu einem guten Ende führen würde.

Meine Gedanken gehen noch einmal zurück zu der unglückseligen Entführung, die bei aller Spannung tatsächlich auch beglückende Momente hatte. Ich denke an die rührende Aufmerksamkeit Stephans, der sich um die kleinen Kinder einer jungen Frau in der Sitzreihe neben uns kümmerte, und an dein Vertrauen, Daniel, in meine zitternde Kraft, euch zu behüten. Das Zittern hast du zum Glück falsch ausgelegt und dachtest, ich ließe dich auf meinem Schoß „reiten“. Fröhlich sangst du alle Kinderlieder, die dir einfielen. Da du die Gefahr nicht sehen konntest, lachtest du unbeschwert und freutest dich, als dich einer der Entführer mit seiner Pistole vor den Bauch stieß.

Stephan allerdings fragte erschrocken: „Wollte der eben Daniel erschießen?“

Nein, das wollte er wohl nicht, aber Angst und Schrecken zu verbreiten, war schon seine Absicht, und das über Stunden auszuhalten, eine arge Belastung für uns.

---

10 Eine detaillierte Darstellung des Abenteuers wurde in dem Buch „Moskitos sind Mücken auf Deutsch“ beschrieben und ging damals auch durch die Medien.

Zwar war der „Spuk“ nach der Landung noch nicht vorbei, aber doch schon mal die unmittelbare Bedrohung, als wir über die Notrutschen das Flugzeug verlassen durften. Unser Flugkapitän hatte, unter dem unmittelbaren (Pistolen-)Druck der Entführer, bravourös eine gewagte Landung vollbracht. Wir standen mit dem großen Jumbojet auf einem holprigen Acker in Aden, an der Südspitze des Jemen.
„Danke, Kapitän, dass Sie das so sicher geschafft haben!“

Immer wieder habe ich über unsere Entführung gesprochen und mich wahrscheinlich damit von quälenden Albträumen befreit. Wie nachhaltig das damalige Geschehen bei mir wirkte und mich fortan begleitete, wird mir erst heute, im Alter, so recht bewusst. Deine Erinnerungen an die Schreckensstunden waren sicherlich mehr oder weniger durch spätere Erzählungen wach geblieben. Stephan dagegen erinnerte sich so gut, dass er zu gegebener Zeit in der Schule in einem Aufsatz davon berichtete. Das Thema hieß: „Mein aufregendstes Erlebnis“, und er bekam eine beschämende „5“ darauf, mit der Bemerkung: „Unglaubwürdig“.
Am nächsten Tag nahm er einen Packen Zeitungsberichte mit in die Schule und bewies noch immer sehr empört die Glaubwürdigkeit seines Aufsatzes. Die schlechte „5“ wurde natürlich umgewandelt in eine gute „2“. Damit war auch für Stephan die Welt wieder in Ordnung.

Endlich zu Hause in Deutschland! In Hildesheim, unserer vorläufigen neuen Heimat, erfuhren wir eine Welle von Freundlichkeit und Hilfsbereitschaft. Eine davon war die schnelle Abwicklung deines Einbürgerungsantrags.
Unser überstandenes Drama war auch durch alle Medien gegangen. Aber für uns verblasste es Gott sei Dank bald wie ein böser Traum.

Etwas hatten wir aber zum Angeben behalten: „Wir waren eine teure Familie! 15 Millionen DM Lösegeld wurden für uns alle bezahlt!“ Als ihr Jungen aber zu oft damit prahltet, gab es ein autoritäres Verbot.

Der Grund unserer früheren Heimkehr war ja, eine Wohnung zu suchen, und den Besuch von Schule und Kindergarten vorzubereiten. Erstere fand sich bald im Missionshaus am Weinberg, wo man gerade eine „Hausmutter“ suchte, weil hier mehrere Urlauberwohnungen für Missionarsfamilien waren. Diese Familien brauchten, nach jahrelangem einfachen bis primitiven Leben in den Missionsgebieten, nun beim Akklimatisieren in der Heimat Hilfe. Ich übernahm diese Aufgabe gern. So fand ich gleichzeitig Wohnung und Arbeit.

Die richtige Schule, oder besser, die richtige Schulklasse für Stephan zu finden, war schon etwas komplizierter bei seiner chinesisch-amerikanischen Kindergarten- und Vorschulerfahrung.

Wir fuhren zu einem Informationsgespräch in die Waldorf-Schule nach Hannover. Aber dort geriet ich richtig in Rage, denn man lehnte Stephans Aufnahme mit der Begründung ab, dass wir als Missionare nicht ehrlich hinter den Zielen einer Waldorfschule stehen könnten und damit unserem Kind die Integration in ihre Anschauungen unmöglich machen würden.

So etwas von bornierter Voreingenommenheit hatte ich noch nie erlebt! Welcher Umstand gab diesen Menschen das Recht festzustellen, dass Missionare die hehren Ziele einer Waldorfschule blockieren würden? Was stellten sie sich unter unserer Missionstätigkeit vor? Hatten sie noch die Methoden des Mittelalters vor Augen, als die Missionare im Urwald die Eingeborenen mit dem Schwert zum Christentum bekehrten?

Wie heißt es in den Richtlinien dieser Schule?

„Unabhängig von sozialer Herkunft, Begabung und späterem Beruf erhalten junge Menschen eine gemeinsame Bildung."

Wohlgefällig schaute meine Gesprächspartnerin aber dann auf dich kleinen Wicht und bot für dich einen Kindergartenplatz an. Das verstand ich nicht und schaute sie wohl auch dementsprechend an. Die Erklärung: Der Kleine habe ja einen völlig anderen kulturellen Hintergrund und dem könnten sie, auch ohne unsere Mithilfe, problemlos begegnen.
Da rauschte ich empört mit euch ab.
Inzwischen war unsere Familie auch wieder komplett. Nachdem ich mit Stephan und dir als „Voraustrupp" die ersten Maßnahmen getroffen hatte, kamen Karl und Friederike mit Klein-Macavaty mit einem späteren Flug nach, so dass Vati seine ganze Familie in die Arme schließen konnte, als er schließlich, als Letzter, selbst zurückkehrte.
Im Weinberghaus bezogen wir zunächst eine Zweizimmerwohnung. In dem riesigen Wohnzimmer stand eine ebenso riesige Doppelschlafcouch, auf der wir zu dritt liegen konnten, ohne uns gegenseitig zu stören. Außerdem rückten wir gern zusammen. Das war wohl noch eine Folge des ausgestandenen Schreckens bei der Entführung.
Schon bald bekamen wir ein Zwillingspärchen in Pflege. Die beiden waren gerade erst sechs Wochen alt und blieben über zwei Monate, weil die junge Mutter erkrankt war. Daniel, kannst du dich noch erinnern, wie du an diesen winzigen Babys deine anatomischen Kenntnisse erweitertest, wenn sie gebadet und gewindelt wurden? Wie selbstverständlich übernahm Stephan wieder die Fläschchenfütterung.
Du fragtest erstaunt: „War ich auch mal so klein?"
Er darauf: „Viel kleiner! Wie ein Brot!", und dann schleppte er doch prompt ein eben gekauftes Zweipfundbrot an.

Du wundertest dich: „So klein? Wie habe ich denn ausgesehen?"

„Hässlich!", kam die ungerührte Antwort von deinem Bruder.

Aber für dich war das nur eine Information – kein Grund, sich zu grämen.

Im Haus lebten zeitweilig mehrere Missionarsfamilien mit vielen Kindern, genügend Spielkameraden für euch. In dieser Zeit geschah dein erster und einziger Unfall. Niemand hatte es gesehen, aber du wirst auf einem Stuhl herumgehopst sein. Obwohl wir dir schon früh beigebracht hatten, immer auch selbst auf deine Sicherheit bedacht zu sein, musste es dir diesmal nicht gelungen sein. Wir konnten nur recht vage den genauen Ablauf nachvollziehen. Mit dem Mund voller Blut und wackelnden Zähnen hast du uns ziemlich erschreckt. War dein Oberkiefer vielleicht gebrochen? Sorgenvoll sah ich schon eine weitere Behinderung, eine Verunstaltung deines Gesichtes, einen schiefen Mund! Doch nach eingehender Untersuchung schloss die Kieferklinik beides aus.

Trotzdem beobachten wir später beim Zahnwechsel ängstlich, was sich da zeigte. Gott sei Dank, es waren nach angemessener Zeit eine Reihe blitzend weißer, gut gewachsener Zähne!

Stephan wurde in eine der Hildesheimer Schulen aufgenommen, Friederike büffelte auf dem Goethe-Gymnasium für ihr Abitur, und Karl radelte jeden Tag mit dem Fahrrad nach Lamspringe zur Schule. Vati bereitete sich in einem Zweitstudium auf seine Pastorentätigkeit in Woltershausen vor. Deshalb zog Karl es vor, sofort die Lamspringer Schule zu besuchen, anstatt später noch einmal umgeschult zu werden. Der Wiedereinstieg in das deutsche Schulsystem war für euch alle, nach der chinesisch-amerikanischen Schule in Taiwan, nicht so einfach. Doch mit Hilfe etlicher Nachhilfestunden haben es alle gut geschafft.

Mit dir, Daniel, machten wir einen Integrationsversuch im Kindergarten. Der befand sich nur wenige Häuser vom Missionshaus entfernt. Du erinnerst dich noch an das geschenkte Kinderfahrrad? Wir haben es nach deinen Angaben und Wünschen regelrecht demontiert. Du brauchtest weder Stützräder noch Pedale oder den störenden Sattel. Auch die Bremse mussten wir entfernen, dann war das „Laufrad“ perfekt! Damit liefst du von nun an täglich zu dem nahen Kindergarten. Ich ließ dir unbesorgt „freien Lauf“, denn dein Orientierungsvermögen war schon in ganz jungen Jahren geradezu genial. Mir blieb nur, dich zur Straße hin abzusichern. Nervig war allerdings, dass du mit Ausdauer die Klingel betätigtest. Damit war dem Kindergarten unser Kommen schon von Weitem angekündigt, und mehrere Kinder hingen bereits am Zaun, um dich zu empfangen, denn sie hatten schon die Reihenfolge festgelegt, in der sie das Laufrad benutzten durften.
Du hattest auch genügend andere Beschäftigung. Dein Lieblingsspiel, wie kann es anders sein, war „Topfschlagen“. Darin brachtest du es zur Meisterschaft. Für die Erzieherinnen warst du ein ganz bemerkenswertes Kind, das seine Behinderung offenbar total ignorierte, doch du warst einfach nur du selbst und nahmst die Umwelt, wie sie war.
Wir gaben den Erzieherinnen ein paar Hintergrundinformationen, als du ihnen etwas altklug, aber durchaus völlig richtig erzähltest: „Ich habe zweimal in einem Jahr Geburtstag. Einmal als ich echt geboren wurde, und einmal als ich zu meiner zweiten Familie gebracht wurde.“
Sie waren erstaunt, mit welcher Selbstverständlichkeit du über deine keineswegs schönen ersten Lebenswochen reden konntest. Es war auch für die Erzieherinnen eine lehrreiche Zeit. Sie lernten genauer hinzusehen und genauer zu erklären, was sich zum Beispiel im Kindergarten und auf den Spaziergängen durch den Park so ereignete. Der verwunderte Ausspruch einer Kindergärt-

Kein Klettergerüst war zu hoch

nerin lässt mich heute noch schmunzeln: „Er ist ja ein richtiges Kind! Was er nicht sieht, das hört er! Was er nicht versteht, erfragt er!"

„Was war das?", „Was ist das?", „Warum ist das so?", waren neue Fragen, die von dir gestellt, aber für alle Kinder von Interesse wurden. Mit Vorliebe benutzten bald alle die höfliche Formulierung: „Kannst du mir das bitte genau erklären?"

Zu Hause waren wir deine Fragen gewohnt und erleichtert, dass du immer von dir aus anzeigtest, was du wissen wolltest. Damit fiel das Belehren weg. Nichts, was für dich von Interesse war, rauschte nur so an dir vorbei. Dankbar bemerkte ich, wie deine Geschwister mithalfen, deinen Wissensdurst zu befriedigen.

Du liebtest deine Geschwister. Mit Friederike und Macavety gingst du gern spazieren und führtest kindlich philosophische

Gespräche mit ihr. Von deinen Brüdern sagtest du: „Karl ist mein Bruderkamerad! Stephan ist mein Spielkamerad!"

Ele (Edeltraud), deine älteste Schwester, mit ihrem Mann waren dagegen echte Kumpel für dich. Die beiden hatten eine besondere Art der Freizeitgestaltung für dich bereit. Sie machten mit dir die Schützenfeste unsicher, und du warst begeistert. Ich konnte gar nicht an deine Achterbahnfahrten denken, ohne dass mir schwindelig wurde.

Da du mit Vergnügen anderswo über Nacht bliebst, haben sie dich auch öfter eingeladen.

„Daniel, wie war es bei Ele und Wolfgang?", wollten die anderen wissen.

„Da ist es ganz anders als bei uns."

„Ach! Besser?"

Aber du legtest dich nicht fest. Vielleicht warst du auch nur im Ausdrücken der kleinen Unterschiede noch nicht erfahren genug: „Anders ist anders!", war deine erschöpfende Auskunft.

Wir waren sehr froh und dankbar, dass deine Geschwister immer ein offenes Ohr für deine Wünsche und Bedürfnisse hatten, wenn du sie auch manchmal mit deinem Interesse und deiner natürlichen Neugier genervt hast. Konnten sie doch ganz unbeschwert mit all ihren Sinnen leben, wo dir ein ganz wesentlicher fehlte.

Dafür war deine musikalische Begabung unübersehbar. Um diese zu fördern, meldeten wir dich zur musikalischen Früherziehung bei der Musikschule an. Das machte dir viel Spaß. Wenn die anderen Kinder malten, durftest du die Orffschen Instrumente ausprobieren. In Takt und Rhythmik warst du schon lange ziemlich sicher, dagegen mochtest du das Klavierspiel der Lehrerin nicht so gern, es war dir zu laut.

Wir hatten die Hoffnung, dass du ein guter Sänger werden könntest. Ja, das könntest du wohl, aber mit deinen zarten Fingern

1975 schon mit einer Viertelgeige

wärst du besonders für das Geigenspiel geeignet, informierte uns deine Lehrerin am Ende dieses Kurses.

Mit dieser Empfehlung gingen wir zur Musikschule, um herauszufinden, wer dich unterrichten könnte. Und woher die Geige nehmen? Wir waren noch unerfahren in diesem Metier und hörten jetzt, dass überhaupt nur zwei Lehrkräfte infrage kamen.

Ina Gabriel war bereit, es mit dir zu versuchen. Prima!

Eine geeignete Geige für dich Winzling zu finden, war aber beinahe aussichtslos. Der Geigenbauer bestellte schließlich eine Achtelgeige in Korea. Sie wurde in Einzelteilen geliefert, und als sie dann, schön zusammengebaut, vor uns lag, waren wir einfach gerührt. Sie war so klein und niedlich! Eine Puppengeige!

Beim Preis ahnten wir, dass wir nun wohl ab sofort in anderen Dimensionen rechnen mussten und seufzten nur ergeben: „Lieb und teuer!“

Mit deiner Lehrerin Ina Gabriel hattest du großes Glück. Sie fühlte sich gut in deine Situation hinein und war erfinderisch im Übermitteln des Unterrichtsstoffs. Ziemlich bald bedientet ihr euch eines Kassettenrekorders, und die auf Band gespielten Übungen konntest du später abhören und sie nacharbeiten.

Nach Schuljahrsbeginn, im Spätsommer, versprach uns Frau Gabriel, dass du zu Weihnachten die ersten Weihnachtslieder spielen könntest. Ich wollte das kaum glauben. Andererseits war es auch nicht verwunderlich, denn du hattest eine große Spielfreude und gabst dich nicht zufrieden, wenn es nur „so la-la“ gut klang.

Bei deinen ersten zaghaften Vorspielen hörten wir immer wieder den Satz: „Der arme kleine blinde Junge!“

Du hättest noch so untalentiert auf deiner niedlichen Geige kratzen können, die Herzen deiner Zuhörer flogen dir kritiklos zu. Wir waren natürlich ebenso gerührt, und es fiel uns ebenso schwer, dich jungen Künstler objektiv zu beurteilen.

Aber es wurde unendlich wichtig, dass wir nicht mit dem Behinderten-Bonus umgingen. Nur Leistung sollte und musste zählen. Ina Gabriel schaffte es mit großem Geschick und Einfühlungsvermögen. Sie hatte Freude am Lehren und du am Lernen. Das versprach einen guten Unterricht und später auch Erfolg in deinen Studien. Basis dafür war die sich entwickelnde Freundschaft zwischen dir und Ina.

Wir dachten zurück an Friederikes „Musikstudien“. Sie hatte sich damals ein Klavier *oder* einen Teddy zum Geburtstag gewünscht. Gerührt hatten wir ihr beides geschenkt, und hoffnungsfroh machte sie sich an den Klavierunterricht. Aber leider hatten wir bei der Wahl ihrer Lehrerin nicht so viel Glück wie bei Frau Gabriel. Wir Eltern waren nicht klug oder musikalisch genug, um ihr trotzdem Freude am Musizieren zu vermitteln. So gab sie auf.

Karl versuchte sich in Taiwan ebenfalls am Geigenspiel. Sein japanischer Lehrer war ein virtuoser Künstler, aber keineswegs ein geeigneter Musikpädagoge. Schüler und Lehrer gaben dann auch in beiderseitigem Einverständnis auf. In Deutschland wünschte er sich eine Trompete, hatte guten Unterricht und Freude am Spielen. Der Vater versuchte, mit ihm mitzuhalten, was ihm nicht gelang, und Karl war durchaus stolz darauf.

Deutschland war schon eine ganz andere Welt für dich. Aber du fandest dich bemerkenswert schnell zurecht. Deine Auffassungsgabe, dich anzupassen und einzufügen, half dir sehr. Dazu kam dein ausgezeichnetes Orientierungsvermögen.

Manchmal erinnerten wir uns noch an die Vorbehalte der Hongkong-Schwestern und mussten unwillkürlich lächeln. Du warst als „schwarzes Schaf" kein Einzelfall mehr im deutschen Einwandererland. Aber die Ausländerfeindlichkeit nahm leider ständig zu. Für diesen Umstand hattest du unübersehbar drei Handicaps. Du warst klein, blind und Chinese.

„Der Gott", wie Stephan früher immer sagte, brauchte Heerscharen von Schutzengeln, um dir und anderen kein Leid geschehen zu lassen. Und wir Eltern „hielten an am Gebet"!

Damit waren wir aber keineswegs aus der Verantwortung um dich entlassen. Mit deiner wachsenden Selbstständigkeit wuchsen natürlich andere, neue Gefahren. Doch du übernahmst schon vermehrt selber einen Teil der Verantwortung. Dafür wurde es und blieb sehr wichtig, dass du im Gespräch mit Menschen deines Vertrauens warst. Die Runde um den Familientisch war dabei von unschätzbarem Wert.

Wir merkten auch bald, dass es nicht so einfach war, immer ein offenes Ohr für deine Ausnahmestellung bei den Behörden zu finden. Vati wurde in den kommenden Jahren zum Kämpfer für deine Rechte. Behörden und Schulverantwortliche lernten ihn als einen streitbaren Verfechter der Behindertenrechte und -gesetze kennen. Er stellte mit Nachdruck unmissverständliche Anträge. Wir kämpften nicht um einen Behinderten-Bonus für dich, sondern um deine dir zustehenden Rechte.
Bonus ist das Stichwort für eine kleine Begebenheit mit großer Wirkung.
Die von uns hoch geschätzte Gymnastiklehrerin fast aller unserer Kinder sollte auch dich in ihren Unterricht nehmen, denn wir beobachteten voller Sorge deine schlechte Körperhaltung.
In unserem vorbereitenden Gespräch gestand sie uns, dass sie keinerlei Erfahrung mit behinderten Kindern habe, und es auch bislang abgelehnt hatte, diese in ihre Gruppen aufzunehmen.
Vati und ich waren sprachlos. So hatten wir sie nicht eingeschätzt!
Schließlich wollte sie aber probeweise bei dir eine Ausnahme machen. Eine von mehreren Bedingungen der Frau Müller war, dass ich in der Nähe bleiben müsse, „falls etwas passieren sollte.“ Was wohl?
In deiner ersten Gymnastikstunde hast du dann der – in unseren Augen bisher so kompetenten – Sport-Pädagogin einen regelrechten Tiefschlag versetzt, wenn man das von einem zarten fünfjährigen Kerlchen, das du nun mal warst, überhaupt sagen kann.
Frau Müller bereitete, sicher in bester Absicht, die zehn anderen Kinder in der Gruppe auf deine künftige Teilnahme vor: „Familie Heinrich hat einen armen kleinen Sohn, der möchte ab jetzt mit euch zusammen turnen. Der Arme kann euch aber nicht sehen, er ist blind und braucht ganz viel Hilfe von euch. Ihr

müsst also zu dem armen Kleinen ganz lieb sein und aufpassen, dass ihr ihn nicht umrennt."

Dann kam sie mit den Worten auf dich zu: „Komm, mein armer Kleiner, jetzt zeige ich dir, wo die Kinder in einer Reihe stehen und auf dich warten."

Ich sah deinem Gesicht schon an, dass du diese Rede nicht ohne Widerspruch hinnehmen würdest, und prompt kam auch deine heftige Gegenrede: „Ich bin kein armes Kind! Ich bin blind, aber nicht arm. Ich habe eine Familie mit vielen Geschwistern und viele Freunde und immer ganz viel Spaß. Deshalb bin ich kein armer Kleiner!"

So viel Trotz und Bockigkeit kannte ich gar nicht von dir und duckte mich unwillkürlich vor der Reaktion der Lehrerin, die mit ihrer autoritären Einstellung keinen Widerspruch duldete.

Aber die setzte sich auf den nächsten Hocker und war sichtlich erschüttert. Ärgerlich? Nein, tief beschämt und sprachlos.

Ich wartete gespannt, was nun werden würde, aber du, in der Tat klein und schmächtig, warst dennoch „Herr der Lage" und teiltest mit: „Lasst uns endlich anfangen. Ich passe schon auf mich auf. Geht mir einfach aus dem Weg!"

Da fand dann schließlich auch die Pädagogin zu ihrer eigentlichen Form zurück.

Am Ende der Stunde gestand sie mir, wie sehr sie sich der Wahl ihrer Worte schämte. In ihrem ganzen bisherigen Berufsleben habe sie noch nie einen so berechtigten „Rüffel" von einem ihrer Schüler bekommen.

Neben dem Musikunterricht hattest du aber auch noch andere Freuden. Die bereitete dir Dorle. Wir kannten sie noch aus der Zeit am Pferdeanger, wo wir vor der Missionszeit arbeiteten.[11]

11 Siehe „Latschenkuchen nach Art des Hauses"

Unterwegs mit Dorle und Hermann

Sie war früher immer gern mit unseren vielen Kindern zusammen. Als wir merkten, dass sie gut mit ihnen umgehen konnte, hatten wir sie zu unserem Kindermädchen ernannt. Wir bewunderten ihre Engelsgeduld, beim Basteln mit immer neuen Ideen und dem geschickten Umgang mit unseren Kleinen.

Kein Wunder, dass sie sich nun auch deiner ganz selbstverständlich annahm, als wir aus Taiwan zurück waren. Inzwischen war sie mit ihrem ehemaligen Freund Hermann verheiratet. Die beiden stellten immer viel mit dir auf. Euer erster gemeinsamer Erfolg war, dass du das Schleifebinden lerntest. Sie nahm dich auch gern mit in ihre (katholische) Kirche, die dich in deinen ganz jungen Jahren hauptsächlich wegen der Glocken interessierte.

1973
Pfarrer Bergsma

Der Pfarrer Bergsma in Heilig Kreuz in Hildesheim wurde auf diese Weise dein bester Freund.

Du durftest dich in der Sakristei umsehen, die Messgewänder „betrachten“ und natürlich die Glocken läuten.

Ach, Daniel, du hattest überall Freunde und durftest überall deine Neugier befriedigen.

Wir waren ganz glücklich und dankbar, dass du angenommen wurdest.

Vati und ich hatten reichlich viel Arbeit. Er bereitete sich auf das Pfarramt in Woltershausen vor und war die Woche über gar nicht zu Haus, und ich hatte im Weinberghaus meine festen Pflichten.

Die Familie vergrößerte sich auch bald wieder um einige Pflegekinder.

Wenn Vati am Wochenende nach Hause kam, fragte er gleich beim Eintreten nach der derzeitigen Kinderzahl. Dabei beruhigte es ihn, dass das Pfarrhaus zum Glück groß genug sein würde.

Noch etwas über Dorle:

Ich sagte, sie hat Mut! Vati nannte es „Schneid“, wenn sie nämlich mit Beharrlichkeit etwas für dich erkämpfte. Diese Zielstrebigkeit hatte sie schon in früheren Jahren bei Mucke, Karl und Stephan bewiesen. Mit dir ging sie jetzt unter anderem ins Weihnachtsmärchen. Aber nicht einfach nur so. Sie besorgte sich eine Sondererlaubnis oder so was Ähnliches wie einen Passierschein. Dann erforschtet ihr das „Theater im Theater“. Sie kroch mit dir hinter der Bühne herum, in den Garderoben und zwischen der Bühnendekoration. Wollte euch jemand Einhalt gebieten, zeigte sie den Schein vor. Der besagte kurz und bündig: „Lasst die Frau mit dem blinden Kind ansehen, was sie wollen!“

Auf diese Weise hast du den Backofen von Frau Holle ertastet und festgestellt, dass es kein richtiger war. Dorle hatte darauf nur erklärt: „Es ist doch auch alles nur Theater!“

Dennoch spürtest du das Geheimnisvolle von Aladins Wunderlampe und entdecktest den Goldesel mit den Goldtalern, die aber aus Holz waren, nur in Goldpapier eingewickelt. Entzaubert, kleiner Naseweis? Das hätte nicht zu dir gepasst. Du sagtest nur voller Verständnis: „Das wissen die anderen Zuschauer ja nicht!“

In der Maske, dem Schminkraum, duftete es so stark nach Schminke und anderen Essenzen, dass du schnell wieder rausdrängtest. Dafür gefiel es dir ausnehmend gut in der Künstlerkantine. „Richtige“ Räuber anzufassen, versetzte dich beinahe in Ehrfurcht: „Ich wusste gar nicht, dass Räuber so aussehen!“

Die Hexe fragtest du respektlos nach ihrer krummen Nase.

Später, als du im Zuschauerraum auf Dorles Schoß saßest, brauchte sie nur noch halb so viel zu erzählen. Du hattest nun ja eine gute Vorstellung vom Bühnengeschehen.

Dorle schaute für dich und ging überall mit dir dort hin, von dem sie meinte, es könnte dich interessieren. Hermann war für Klet-

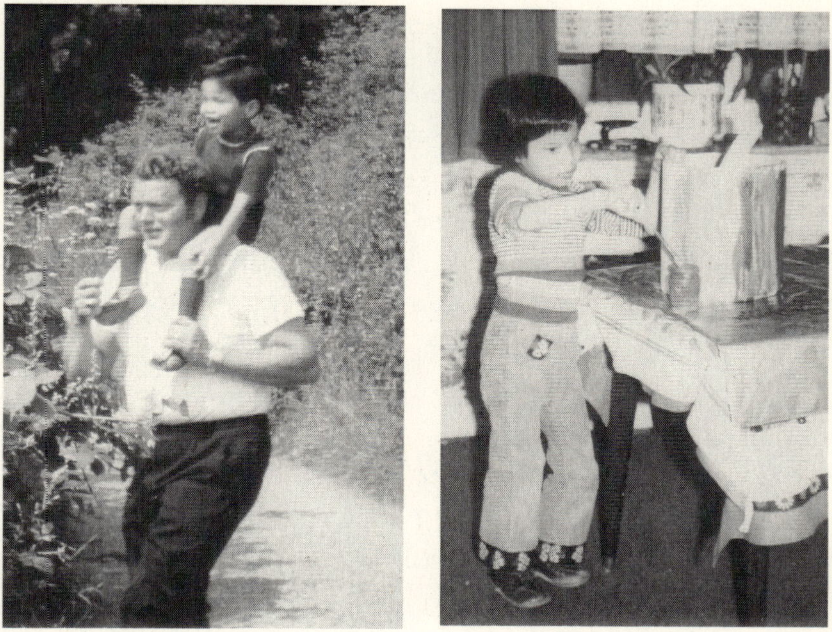

1973 mit Hermann und beim Bemalen von Laternen

tergerüste und Spaziergänge zuständig und im Winter für das Basteln von süßen Hexenhäuschen oder Laternen.
Ich sah einmal dabei zu, wie du die Laternen bemaltest und eine genaue Vorstellung davon hattest, welche Farben du mit einem großen Pinsel auftragen wolltest. Dorle wusste dich anzuleiten, schöne Streifen von oben nach unten zu ziehen. Die kleineren Kinder machten nur bunte Punkte auf das Pergamentpapier. Weil du ja schon größer warst, gabst du dir besondere Mühe mit den Streifen. Dorles Psychologie ging auf!
Die alljährlichen Fronleichnamsprozessionen haben dich einfach fasziniert. Als Dorle zum ersten Mal mit dir dabei war, gab es auch gleich eine nette Begebenheit.
Ausgerüstet mit einem gefüllten Blumenkörbchen brachte sie dich in die vorderste Reihe zu den anderen Blumenkindern, ganz

an die Spitze der Prozession. Euch folgten unmittelbar die Herren Pastoren, in würdiger Haltung singend und betend, und ihr Kinder streutet einen Teppich aus Blumen vor ihnen her.

Du allerdings warst gewohnt, gründlich und bedacht zu arbeiten. Entsprechend legtest du die Blumen denn auch sorgsam eine um die andere auf den Weg. Unter den Pastoren war auch Pfarrer Bergsma, und er bedeutete seinen „Brüdern in Christo", dich gewähren zu lassen, wenn es auch langsamer voranging.

Du nahmst deine Aufgabe eben sehr wichtig!

Dann allerdings war dein Körbchen leer. Mit größter Selbstverständlichkeit sammeltest du die Blumen tastend wieder ein, und nun geriet der Zug erheblich ins Stocken. Dorle war mehr stolz, als verlegen, als sie dich schnell einfing und an die Hand nahm. Die Prozession konnte nun zügiger dem geschmückten Außenaltar entgegenschreiten.

Als der Sohn von Dorle und Hermann geboren wurde, den sie ebenfalls Daniel nannten, durftest du bei der Taufe mit großem Ernst die lange Taufkerze tragen.

Die Bedenken der Hongkong-Schwestern erwiesen sich auch weiterhin als unbegründet. In der Zeit unserer Rückkehr gebrauchte man hier in Deutschland häufig den Begriff: „Multi-Kulti", und im Straßenbild begegneten wir inzwischen so vielen Menschen aus anderen Ländern, dass ein Chinesenjunge nicht weiter auffiel. Wenn wir durch die Stadt gingen, sahen die Leute allerdings voller Staunen auf dich lebhaften, aufmerksamen, blinden Jungen an meiner Hand,

Deine Blindheit fiel eigentlich nur auf, weil du die gelbe Binde mit den drei schwarzen Punkten am Arm trugst. Das war ein hässliches Ding, musste aber aus versicherungstechnischen Gründen getragen werden. Leider verband sich mit dieser Binde die Vorstellung, dass Blinde schlichtweg Hilflosigkeit verkörperten, und ihnen wurde ganz allgemein nur ein geringes Maß an Selbständigkeit zugetraut.

Wir aber ließen dich deine Erfahrungen machen. Unser Ziel war, dich durch Selbständigkeit in unsere Gesellschaft zu integrieren. Im Straßenverkehr nahmen wir dich zwar fest an die Hand, aber in Haus und Garten und einem relativ sicheren Umfeld ließen wir dich laufen, wie du wolltest. Du hattest längst ein sicheres Gespür für Gefahren und Unebenheiten erworben und warst auch kein bisschen wehleidig.

Schon ganz früh, als du anfingst Fragen zu stellen und über unsere Antworten nachzudenken, haben wir dir gesagt, dass du nicht von mir geboren wurdest.

„Warum bloß nicht?“ Du hattest neben der Ratlosigkeit auch ein bisschen Trauer in der Stimme. „Dann bin ich ja nicht ganz richtig euer…“.

Nein, du bist nicht unser leibliches Kind, aber du bist viel mehr! Ein Geschenk! Wir bekamen damals ein Überraschungspaket geschenkt, mit einem Winzling von Baby darin. Das Baby warst du! Wir mussten das Geschenk sehr hegen und pflegen, damit es uns erhalten blieb. Das haben wir getan, und wir haben dich vom ersten Tag an geliebt. Du wirst immer unser schönstes, größtes, beglückendstes Geschenk bleiben!

Vati und ich hatten uns auf dieses Gespräch vorbereitet, weil wir wussten, eines Tages würden wir diese oder ähnliche Fragen von dir beantworten müssen. Wie sehr dir unsere Wortwahl aber wirklich Sicherheit und Geborgenheit gab, beobachteten wir, wenn du neugierigen Fragern nach deiner Herkunft fröhlich und unbeschwert Auskunft gabst: „Ich bin für meine Familie das größte und schönste Geschenk gewesen! Sie sagen, das sei einmalig! Das macht mich glücklich und stolz!“

Der „Ernst des Lebens“

Mit dem Zahnwechsel rückten, wie bei allen gleichaltrigen Kindern, die Vorbereitungen auf den ersten Schultag näher. Für dich sollte es die Blindenschule sein. Vati und ich hatten zuvor reiflich überlegt: In vier Grundschuljahren würdest du die notwendigen blindentechnischen Fertigkeiten erwerben und vor allem auch die Grundlagen der Blindenschrift. Dann könnten wir die Integration vorbereiten, zu der wir deine Entscheidung brauchten. Du würdest vier Jahre älter sein und mit uns gemeinsam die Risiken, aber auch Vorteile bedenken können, welche eine andere Beschulung mit sich bringen würde.

Mit der Einschulung war auch schon ein erster Schritt dahin getan, denn wir bestanden darauf, dich täglich von Hildesheim nach Hannover fahren zu lassen. Ein externer Schüler also.

Das war für die Blindenschule ein Ausnahmefall und gar nicht so gern gesehen. Aber das Behindertenrecht gab uns die Möglichkeit, das für dich zu erkämpfen, was wir für richtig hielten.

In deinem Fall war es eben die externe Beschulung und die täglichen Fahrten von und zur Blindenschule.

Im Landesbildungszentrum für Blinde hätten sie dich viel lieber in ihrem Internat gehabt. Leider mit einem kleinen Hintergedanken, und dabei spieltest du gar keine große Rolle. Wir Eltern waren gefragt, weil sie im Elternrat ihres Internats energische Leute brauchten, die im Aufgabenfeld der Wohnheime Rechte erkämpften und Ordnung schafften.

Das war ein Ansinnen! Wir stellten uns vor, wie wir mit eisernem Besen durch die Häuser kehrten, um die Mängel zu beseitigen, derer die Schul- und Heimleitung nicht Herr wurde. Wir kämpften um *deine* Rechte und „Dinge“, und davon hatte man abgeleitet, dass wir das auch für Schulbelange tun würden.

1974 Einschulung

Bei „Dingen“ ging es uns darum, dass du einen zweiten Brailler (Blindenschreibmaschine) bekamst, der zu Hause bleiben konnte, denn durch den täglichen Hin- und Hertransport wurde er schnell reparaturanfällig. Außerdem war er für einen kleinen Schulanfänger viel zu schwer, denn es waren ja auch noch Blindenschriftbücher mitzunehmen, und die waren groß, unhandlich und rutschig. Aber du hättest ja im Internat bleiben und nachmittags im Klassenraum deine Hausaufgaben am Brailler ohne

Schwierigkeiten erledigen können. Das war die Meinung der für unseren Antrag zuständigen Sachbearbeiter.

Du erhieltest den zweiten Brailler, und du bekamst auch das Recht, unter Aufsicht im Internat auf den Schulbeginn warten zu dürfen, wenn das Taxi dich vorzeitig ablieferte. Genauso bliebst du unter Aufsicht, bis du wieder abgeholt wurdest.[12]

Lange vor deiner Einschulung hattest du dich in Gesprächen mit deinen Geschwistern immer wieder darüber informiert, was denn da auf dich zukam. Besonders mit Friederike und Macavaty warst du oft unterwegs und führtest „philosophische" Gespräche. Friederike erinnert sich selbst noch lebhaft daran:

Daniel hatte schon als wissbegieriges Kindergartenkind regen Anteil an meinem Schulalltag genommen.

Viele meiner außerschulischen Klassenaktivitäten fanden bei uns in Haus und Garten statt, weil die räumlichen Gegebenheiten im Weinberghaus einfach großzügig waren und sich dafür anboten.

So lernte Daniel im Laufe meiner Gymnasialzeit viele Lehrer persönlich kennen und war auch genauestens informiert, in welchen Fächern es bei mir haperte und welche Themen gerade in Gemeinschaftskunde oder Geschichte behandelt wurden.

Nachmittags wurde ich gelöchert und akribisch ausgefragt nach Unterrichtsverlauf und Lehrplangestaltung.

Nach seinem sechsten Geburtstag fieberte Daniel seiner Einschulung regelrecht entgegen. Jetzt würde er mit seinem Wissensstand mir ebenbürtig werden und sicherlich bald in große Fußstapfen von Naturwissenschaftlern, Sprachgenies und griechischen Denkern treten.

---

12 Siehe auch „Sonntags sind es immer viele".

Endlich war es so weit, und Daniel erklomm die Stufe vom Kindergartenkind zum Schüler! Eifrig stellte er sich den neuen Herausforderungen.
Nach etwa einer Woche wagte ich vorsichtig zu fragen, wie er denn nun mit seinem so sehnsüchtig erwarteten Schulalltag zufrieden sei, ob er gar schon etwas gelernt habe?
Mit tiefem Ernst und einer gewissen Verzweiflung in der Stimme, die erkennen ließ, dass er sich echte Sorgen machte, stieß er hervor: „Immer noch keine Mathematik gehabt!"
Ich musste allerdings zustimmen, dass bei diesem zögerlichen Start seine spätere Karriere durchaus als gefährdet einzustufen sei.

In deiner Grundschulzeit übernahm ich mehrmals die fachliche Leitung von „Sonderkuren für Mütter mit blinden Kindern" für den Bayerischen Mütterdienst in Stein bei Nürnberg. Wenn du mich begleitetest, warst du immer das Vorzeigebeispiel für Integration und Selbständigkeit für die anderen Mütter. Sie waren verblüfft zu sehen, mit welcher Sicherheit du durch das große Haus mit all seinen Treppen gingst, ohne anzuecken oder dich zu verirren. Deine musikalischen Aktivitäten wurden ebenfalls bewundert, ob mit der Geige oder am Klavier.

1974 in Stein

Es geschah dann etwa im zweiten Schuljahr in der Blindenschule, dass wir dich von zu Hause „auslagern“ mussten, weil ich dich nicht mitnehmen konnte.
„Icke“ nahm dich in ihre Obhut. Icke hieß eigentlich Brigitte. Sie kam mit ihren Eltern aus Berlin. Das war unverkennbar, und so wurde sie für uns die „Icke aus Berlin“, die sich mit Ele anfreundete und für uns fast wie eine Tochter wurde. Wir nannten sie weiter so, auch als sie Hans-Jürgen heiratete und selbst Kinder bekam. Ihre beiden Söhne Michael und Daniel passten im Alter zu dir, deshalb nahmen sie dich auch gern in Pension.
Ihr habt dann wohl einiges miteinander erlebt. Du erinnerst dich wohl kaum an Details, aber als ich Icke befragte, sprudelten die Erinnerungen nur so hervor. Drei „Bengels“ im Hause zu haben, forderte den Eltern eine Menge Geduld ab, denn ihr Haus war klein. „Wie ein Puppenhaus!“, sagte Vati immer. Aber offenbar gab es doch genügend Bewegungsfreiheit.
Unter anderem gab es eine Kellertreppe, die ihr Jungen mittels Matratzenteilen oder dicker Pappe mit großem Elan und Hallo hinunterrutschtet. Dass du zwangsläufig in deiner Mobilität etwas eingeschränkter warst, fiel kaum auf.
Nach unten ginge es wie im Fahrstuhl, hast du begeistert behauptet, was wir aber zu Hause nicht so ganz nachvollziehen konnten beim Anblick diverser blauer Flecken am Po.
„Schön war es!“, stöhntest du.
Bei den Ickes gab es noch viele andere Aktivitäten, erzähltest du später. In der verkehrsarmen Gasse standen viele Fahrzeuge. Die verschiedenen Typen erforschtest du ebenso durch Abtasten, wie die unterschiedlichen Rasenmäher bei den Nachbarn. „Toll war es!“
Während du in Woltershausen mit deinem Kettcar fuhrst, immerhin auf vier Rädern, saustest du in Itzum, bei Ickes, mit dem Zweirad los. Ohne Rücksicht auf Hans-Jürgens sportliche Kondi-

tion, denn ohne dich am Sattel und in der „Spur“ zu halten, ging es ja nun leider nicht, obwohl euch jeder aus dem Weg sprang, wenn ihr, laut und ausdauernd klingelnd, dahergebraust kamt.

„Tolles Erlebnis!“

Im Kinderzimmer der Jungen gab es ein grünes Nachtlicht. Icke erklärte dir, welchen Zweck es hatte. Darauf du mit vollem Ernst in der Stimme: „Das ist gut. Da kann ich doch wenigstens auch was sehen.“

Wer ist da frei von Zweifeln, ob man durch Glasaugen nicht doch, wenigstens den geringen Lichtschein eines Nachtlichts, sehen kann?

Nachdem du in der Musikschule mit dem Unterricht begonnen hattest, führtest du in deinem Reisegepäck stets deine Geige mit, wo immer du hinfuhrst. Du nahmst es mit dem Üben sehr genau, ganz einfach weil es dir Spaß machte.

Auf dem Kettcar, 1973

Üben macht Spaß! Wirklich!

Als du nun bei Ickes warst, ging es gerade in die Endphase für den Regionalwettbewerb „Jugend musiziert“, an dem du dich beteiligtest.
Das bedeutete, mehrmals die Woche nach Hildesheim zum Unterricht zu fahren, und für dich: Üben, Üben, Üben! Du hattest damit kein Problem.
Nur Ickes plagte der Zweifel: „Macht er das richtig? Macht er das gut?“
Für ihre ungeschulten Ohren spieltest du immer dasselbe, beinahe wie „auf der Stelle“.

Vorüben zum Wettbewerb „Jugend musiziert“

Dafür bekamst du in deiner Altersklasse im Regionalwettbewerb den ersten Preis! Wir platzten alle fast vor Stolz.
Deine Augenprothesen waren für uns in der Familie kein Problem. Auch bei Ickes nicht. Oder manchmal doch?
Einmal war euch morgens die Zeit knapp geworden, bis dich das Taxi sehr früh zur Schule nach Hannover abholte. Wie das denn so geht! Katzenwäsche, ruck, zuck anziehen, diesmal schnell mit Ickes Hilfe. Dann ein Stück in den Mund stecken und noch einen Schluck trinken. Fertig und ab!

Nein, deine Augen lagen noch auf dem Waschbeckenrand! Zack, zack, Icke hatte schon Übung im Einsetzen! Und dann nichts wie los zur Schule!
Bei deiner Rückkehr dann großes Erschrecken! Du schieltest ungewohnt hässlich mit jedem Auge in eine andere Ecke! Icke hatte doch morgens in der Eile tatsächlich das rechte Auge mit dem linken vertauscht!
„Entschuldige, Daniel!"
Du, wieder mit vollem Ernst: „Deshalb war heute alles so anders herum!"
Heimweh kannten wir bei dir nicht. Du warst viel zu gern mal „auf Besuch". Aber mehrere Wochen an einem Stück von zu Hause weg, ließ dir bei Ickes plötzlich alles „doof" erscheinen. Du wolltest nach Hause, und Vati kam, um dich zu holen. Aber er fuhr ohne dich wieder ab, weil du nun doch alles ganz toll bei Ickes fandest.
Icke und Hans-Jürgen sagten damals wie heute: „Es hat uns Spaß gemacht! Unsere Jungen haben erlebt, was es heißt, mit der Blindheit umzugehen. Eine Erfahrung fürs Leben!"

Auf der Blindenschule bekamst du vier Schuljahre lang die Grundkenntnisse vermittelt, die du brauchtest, um durchs Leben zu kommen. Dazu gehörte natürlich auch das Erlernen der Blindenschrift (Braille), was du ebenfalls mit Bravour bewältigtest. Ich lernte bei der Gelegenheit gleich mit. Mir machte es Spaß, auf dem Brailler die Blindenschrift schreiben zu können. Allerdings nicht „blind". Ich schrieb und las mit den Augen. Mein Tastsinn war längst verkümmert und die Hausfrauenhände nicht mehr sensibel genug. Trotzdem hielt ich es für wichtig, die Brailleschrift mit ihren Punkten zu kennen. Wir wohnten jetzt auch schon im Pfarrhaus von Woltershausen. Das sollte für die nächsten 16 Jahre unser Lebensmittelpunkt sein.

Als deine Blindenschulzeit in Hannover sich dem Ende näherte, musste die aufgeschobene Entscheidung über die weitere Schulzeit endgültig getroffen werden. Damals begann nach der vierten Klasse die Orientierungsstufe. Wir meldeten dich in der Orientierungsstufe in Lamspringe an.

Einmal hörte ich, wie du einem Freund erzähltest: „Ich habe zwei Instrumente. Meine Geige, die liebe ich – und meine Hände, die brauche ich!"
Später kam noch ein drittes Instrument dazu, das du unbedingt lernen wolltest. Aber dein Lehrer stellte fest, dass die Spannweite deiner Kinderhände für bestimmte Übungen am Klavier noch nicht ausreichte. Da begannst du mit Fleiß und Ausdauer zu trainieren, um dein Instrument – die Hände – auf das Klavierspiel vorzubereiten.

1976 in Stein

Die zweijährige Schulzeit in Lamspringe wurde zu einer Herausforderung für alle. Für den Schulrat, dem wir erst durch ein Gespräch zwischen euch beiden, die Genehmigung zu dem Integrationsversuch abgerungen hatten. Für Herrn Melzner, den Rektor, der dich schon lange vorher kannte und dir den Versuch überzeugt zutraute, und nicht zuletzt für die Lehrer, die sich mit der unbekannten Aufgabe ein bisschen überrumpelt fühlten.

Als wir später einmal im Gespräch mit Herrn Zucher, einem deiner Lehrer in Lamspringe, versuchten, die damalige Situation objektiv zu beurteilen, fanden wir ein ganz großes Plus heraus. Es waren fast alles junge Lehrer, die an dem Modell beteiligt gewesen waren. Sie waren motiviert genug, um das Experiment durchzuziehen. Ich aber war beschämt, als ich hörte, dass sie sich trotzdem insgesamt allein gelassen fühlten. Was hätten wir damals mehr oder besser machen können? Wir hatten zwar die Kenntnis über die Integration blinder Schüler aus Taiwan mitgebracht, doch es war doch immer ein hohes Maß an Einsatz und Bereitschaft dazu nötig.

Deshalb waren wir froh, dass du ein Schüler warst, der schon sehr jung begriffen hatte, was Lernen und belehrt zu werden bedeutete. Du warst nie ein Ehrgeizling, aber du hast alle Bildungsangebote stets mit wachem Interesse angenommen. Das hat dir wiederum die Achtung deiner Lehrer eingebracht und sie vielleicht wenigstens etwas für ihren Arbeitseinsatz entschädigt.

Jeder Fachlehrer musste seine eigene Unterrichtsmethode für dich finden. Während du deinen Mathelehrer mit fehlerfreiem Kopfrechnen beeindrucktest, brachtest du einen anderen in Verlegenheit, als du dich ausgerechnet zu seiner Foto-AG anmeldetest. Du sahst kein Problem für dich, in einer Dunkelkammer zu arbeiten. „Dunkelheit hat mich noch nie verunsichert!“, war deine Begründung. Typisch für dich bis heute: keine Scheu vor Hindernissen.

Großes Interesse hattest du für den Biologieraum mit den ausgestopften Tieren und später im Zoo mit den lebenden. Voller Neugierde stelltest du Fragen, immer und überall Fragen, Fragen!

Und dann dein Spaß beim Klettern auf dem Flugzeug-Gerüst auf dem Zoo-Spielplatz. Während die Lehrer da schon Vertrauen in deine Eigenverantwortlichkeit hatten, entsetzten sich Vorübergehende, wie man ein blindes Kind solcher Gefahr aussetzen konnte.

Auch die Lehrer lernten dazu – so Herr Zucher. Er wollte deiner Bitte nachkommen und dir eines Tages den vorbeiratternden Panzer erklären. „Was willst du wissen, Daniel?"

„Na, alles, was interessant ist!"

Für dich sehen und es dann erklären, war schon eine Herausforderung!

Mit deiner Affinität zu Düften, Seifen, Rasierwasser, Cremes oder Parfüms setztest du besonders Herrn Melzner immer wieder aufs Neue in Erstaunen. Versuchte er in der Schule, unerkannt an dir vorbeizukommen, riefst du ihm fröhlich hinterher: „Guten Morgen, Herr Melzner!"

Man muss versuchen zu verstehen, dass wir dir die bestmögliche Lebenshilfe und allerbeste Schulausbildung gestatten wollten. Dein eigenes Bemühen darum bestätigte das unsere.

Heute ist die Integration an Schulen kein Schreckgespenst mehr. Sie ist offiziell. Aber wir waren Vorreiter dieser noch immer nicht ganz einfachen Beschulung.

Wir stellten fest, dass die Integration doch vielschichtiger und umfassender war, als wir uns vorgestellt hatten.

Der Schritt von der Blindenschule zur Orientierungsstufe nach Lamspringe, zum Unterricht mit sehenden Schülern, war aber doch der richtige gewesen. Neidvoll erinnere ich mich, wie du in nur vier Sommerferienwochen auf der Schwarzschriftmaschine[13] schreiben lerntest, mit dem von dir gern benutzten Satz: „Ich lerne jetzt blind schreiben!"

---

13 So wird unter Blinden die normale Schreibmaschine genannt.

Wer dich so hörte, staunte zunächst, begriff, bewunderte und beneidete dich. Jeder von uns brauchte ohne Frage länger zum Blind-Maschine-Schreiben-Lernen.

Durch die Schreibmaschine konnten andere deine Texte lesen, doch du konntest das natürlich nicht. Dazu brauchtest du den Brailler. Während andere genügend Probleme hatten, mit einer Schreibmaschine klarzukommen, beherrschtest du bald beide meisterhaft.

Aber Braille zu können war natürlich nicht alles, was wir künftig für dich tun mussten. Du hattest Lehrern und Schülern zu beweisen, dass du mit ihnen mithalten konntest. Also arbeiteten wir dir zu und bereiteten vor, was in der Klasse abgefordert wurde. Es bedeutete nicht etwa, dass wir für dich die Schularbeiten machten, vielmehr schafften wir die Basis, damit du sie problemlos selbst erledigen konntest.

Dazu las Vati dir seitenlang den behandelten Lehrstoff aufs Tonband, oder du hörtest einfach beim Vorlesen zu.

Erstaunlich, welch Fassungsvermögen dein Kopf hatte, wie konzentriert du darin alles speichern konntest. Es machte uns Eltern Freude, mit dir zu arbeiten, und ähnlich bestätigten es deine Lehrer. Es war ein wiederholtes Kompliment derer, die mit dir arbeiteten. Sie lobten dein Interesse und deinen Ernst, mit dem du an deine Aufgaben herangingst, was sich ja auch durch Erfolg auszahlte.

Die Fahrten mit dem Schulbus von Woltershausen nach Lamspringe in die Orientierungsstufe waren täglich ein willkommenes Erlebnis für dich. Die mitfahrenden Schüler waren nicht gerade zimperlich mit dir oder gar rücksichtsvoll, aber doch immer fair und oft auch voller Staunen, was man so alles mit geschlossenen Augen tun konnte.

Dann baute sich ein kleines Problem auf – nein, eher eine Peinlichkeit –, weil du selbstbewusster und selbstsicherer wurdest. Das ist eigentlich sehr positiv, doch ging das leider manchmal mit einer gewissen Überheblichkeit einher.

Das gefiel uns nicht. Blinde werden manchmal von einer Gruppe Sehender ausgeschlossen und stehen dann abseits, wenn sie sich nicht selber ins Bild bringen. Und das kann schon mal aufdringlich wirken.

Trotzdem ermahnten wir dich immer wieder: „Sei bescheiden! Halte dich zurück! Warte ab!“

Die Geschwister brachten es schneller auf den Punkt: „Gib nicht so an!“

Du hattest aber auch unter den Geschwistern keinen leichten Stand. Du bliebst natürlich immer der Jüngste, und alle machten durchaus den einen oder anderen Erziehungsversuch an dir. Dennoch hielten sich Vor- und Nachteile für uns alle in der Waage.

Große Entlastung waren für uns andere Eltern. Wir bildeten Fahrgemeinschaften und wechselten uns ab. Nun mussten wir nicht mehr jede Fahrt selber bestreiten. Allerdings machten alle die gleiche unbequeme Erfahrung mit dir, wenn du nämlich auf die Minute pünktlich zur verabredeten Zeit ins Auto stiegst. Du hattest Entfernungen und benötigte Fahrzeiten im Kopf und nutztest jede freie Minute aus, um dich mit anderen, dir wichtig erscheinenden Dingen, zu beschäftigen. Der jeweilige Fahrer trat aber schon ungeduldig von einem Fuß auf den anderen, wenn du im Gehen eben noch den Klappdeckel deiner Uhr öffnetest, um vielleicht festzustellen: „Eigentlich noch drei Minuten Zeit für was anderes.“

Wir hatten alle Mühe, dir klarzumachen, dass jeder Autofahrer gestresst hinter dem Steuer saß, wenn die Zeit allzu knapp war, während du entspannt in den Polstern lehntest. Dazu kam ja auch immer noch die Verkehrssituation. Du sahst es nicht, und es beunruhigte dich nicht. Aber du musstest wissen, dass deine bereitwilligen Fahrer das anders erlebten.

Wir hatten uns noch eine andere Aufgabe gestellt, die uns manchen Seufzer entlockte. Wir mussten vermehrt auf dein Erscheinungsbild achten: Aufrechter Gang, keine eingezogenen Schultern, kein hängender Kopf. Das „therapierten“ deine Brüder oft schon mit einer ruppigen Bemerkung an dir: „Sonst siehst du aus wie ein geprügelter Hund!“

Das verfehlte seine Wirkung nicht, denn ein bisschen eitel warst du schon.

Und dann die geschlossenen Augen, obwohl du nicht müde warst. Sie irritierten dein Gegenüber sehr. Deshalb die drastische Erklärung der Jungen: „Deine Schlafzimmeraugen gehören nur ins Schlafzimmer!“

Auch hier ein Teilerfolg, denn Unhöflichkeit lag deiner ausgeprägten chinesischen Friedfertigkeit fern. Wir wussten natürlich, warum du deine Glasaugen hinter geschlossenen Lidern verbargst. Es gab keinen Anreiz, sie offen zu halten. Wir mussten dir nur einfach klarmachen, wie es auf Sehende wirkt, wenn sie jemand mit geschlossenen Augen anspricht.

Die zweijährige Orientierungsstufe ging dem Ende zu. Du hattest jetzt zwei Möglichkeiten: Entweder du besuchtest die Oberschule für Blinde in Marburg oder der Integrationsversuch wurde auf einem Hildesheimer Gymnasium fortgesetzt.

Eigentlich war die Entscheidung schon gefallen. In die Oberschule für Blinde nach Marburg zu gehen, würde auch für dich mehr Stress bedeuten, weil du nicht mehr auf das Blindensystem vorbereitet warst. Einen gewissen Rückschritt hätten wir schon noch verkraftet, doch je länger du von der Praxis der Blindenschule entfernt bleiben würdest, desto schwieriger würde eine eventuelle Rückkehr sein.

Integration

Die Integration auf der OS hatte dich bisher im Umgang mit anderen Menschen selbständiger gemacht als dies auf einer reinen Blindenschule möglich gewesen wäre. Dort wäre alles auf den Umgang mit Blinden ausgerichtet gewesen. Auf einer Regelschule musstest du dich auf den Umgang mit der normalen Umwelt ausrichten.

Direkt gesagt hieß es für dich: „Nicht Augen zu, sondern Ohren auf! Den Kopf frei und durch!“

Und das bedeutete, sechs bis acht Jahre Gymnasium mit sehenden Schülern und natürlich ganz anderen Forderungen als unter Blinden.

Du bliebst bei deinem Entschluss, obwohl keiner von uns in letzter Konsequenz übersehen konnte, wie schwer diese Entscheidung wog. Vati und ich hatten schon längst den nächsten Schritt vorbereitet und Kontakte und Gespräche mit dem Andreanum, einem altsprachlichen Gymnasium in Hildesheim, geführt. Wie in Lamspringe betraten auch hier die Lehrer Neuland. Es gab Fürsprecher, Zweifler, Mutige, aber auch Schwarzseher im Kollegium. *Für* die Aufnahme sprachen dein Zeugnis und die bereits durchgezogenen zwei Jahre in Lamspringe: der blinde Schüler unter Sehenden, ein Integrationsversuch, der in jenen Jahren noch nicht gern oder freiwillig unternommen wurde. Und wieder einmal sprachen wir sehr ernst, sehr offen deine Situation durch. Es würde keine leichte Zeit auf dich zukommen. Du müsstest immer von dir fordern, was irgend möglich war.

Die Orientierungsstufe war klein und überschaubar gewesen. In Hildesheim erwarteten uns jedoch weit größere Hindernisse und mehr offene Fragen. Wie konnten wir die anstehenden Probleme zur Zufriedenheit aller bewältigen?

Vati hatte glaubhaft gemacht, dass wir mitarbeiten, vorarbeiten, aber auch nacharbeiten würden, wann immer es erforderlich war.
Wir stießen auf große Bereitschaft, wenngleich der Erfolg für Schule und Schüler schwer erarbeitet werden musste. Und das bedeutete, dass niemand siegessicher sein konnte oder wollte.
Immerhin lagen durchaus erste Erfahrungen mit behinderten Schülern im Andreanum vor, zu denen unter anderem der Contergan-Geschädigte Thomas Quasthoff gehörte. Eine Schülerin im Rollstuhl war sogar in deiner zukünftigen Klasse. Du bekamst also deine Chance, und wir ergriffen sie gemeinsam mit dir.
Dein erstes Auftreten in der Hildesheimer Schule hat Vati später noch gern und ausführlich beschrieben, während die übrigen Familienmitglieder ein bisschen die Nasen rümpften. Halb gutmütig-verächtlich, halb schadenfroh kommentierten sie: „Typisch unser Bruder!"
Vati und ich brachten dich zu deinem ersten Schultag nach Hildesheim. Die Fahrt spickten wir mit Ermahnungen, Ratschlägen und ich weiß nicht, was noch alles – auf jeden Fall aber mit dem häufig wiederkehrenden Satz: „Sei bescheiden! Halt dich zurück!"
Du seufztest nur gelangweilt, was mich zu der scharfen Bemerkung veranlasste: „Schüler können grausam sein, wenn ihnen was nicht passt! Und noch weißt du nicht, ob du ihnen passen wirst!"
Vati war mit meiner Rede nicht einverstanden und reagierte ebenfalls scharf: „Bange machen gilt nicht!"
Womit klar zu spüren war, wie nervös wir Eltern waren.
Um eine bessere Integration in den neuen Klassenverband zu erreichen, vereinbarten wir, den Schulwechsel von der OS Lamspringe in die sechste Klasse des Andreanums schon einen Monat vorzuziehen.
Dein zukünftiger Klassenlehrer, Herr Wessel, kam uns auf dem Schulflur entgegen. Körperlich immer noch nicht deinem Alter

entsprechend machtest du wohl in diesem Moment einen etwas unscheinbaren, auf jeden Fall aber scheuen Eindruck. Es folgte ein kurzes Gespräch unter uns Erwachsenen mit der geflüsterten Information des Lehrers: „Ich habe die Klasse auf ihren Sohn vorbereitet und an ihre Fairness appelliert.“

Dir machte Herr Wessel mit den Worten Mut: „Hab keine Sorge, Daniel. Meine Schüler werden dir helfen, wo immer du es brauchst!“

Sagtest du doch darauf in beinahe unbeschreiblicher Bescheidenheit: „Danke! Ich bin nämlich von Natur aus schüchtern!“

Zum Glück entschwandet ihr in Richtung deiner künftigen Klasse, als wir beide sichtlich erheitert losprusteten.

Wir sahen euch hinterher. Aus deinem schwarzen Haarschopf leuchteten zwei helle Wirbel, von denen die Chinesen schon in deinen ersten Lebensjahren gesagt hatten: „Haarwirbel, so nebeneinanderliegend, bedeuten einen eigenwilligen gewitzten Charakter. Ihr werdet einmal viel zu lachen haben, aber auch zu seufzen.“

An diesem Tag – deinem ersten im Andreanum – haben wir beide „seufzend gelacht“, und Herr Wessel lachte auch siegessicher, als wir dich nach Stunden wieder abholten: „Er verliert seine Befangenheit zusehends.“ Darum hätten wir wetten können!

Du hattest auf die Frage, woher du kämst und warum du hier in Deutschland wärst, ausführlich von dem Geschenk an deine Eltern erzählt.

„Und die Reaktion der Schüler?“, fragten wir gespannt.

„Mal was ganz anderes!“ Daran merkte man, dass sie das Gehörte nicht nachvollziehen konnten, aber auch, dass es sie nicht sonderlich interessierte.

Wir dachten später noch oft über diese Schülerreaktion nach. Sie deutete bereits auf den Stand hin, den du wohl in der Klasse haben würdest.

Ein Mitschüler brachte die Meinungen und Beobachtungen der anderen zu einem späteren Zeitpunkt ganz klar zum Ausdruck: „Daniel tickt ganz anders als wir. Wir verstehen ihn nicht immer. Er denkt anders, redet anders, ist anders! Sonst aber ganz nett!“

Du konntest in jungen Jahren überhaupt nichts damit anfangen, wenn sich jemand höhnisch, spöttisch oder zweideutig äußerte. Es war auch nicht deine Art, so zu denken und zu handeln, deshalb verstandest du spitzfindige Reden meistens nicht.

Herr Wessel hatte an diesem ersten Morgen gleich noch einen Test mit dir gemacht, indem er dich durch Gänge und an Klassen vorbei, mit Hinweisen, hier wäre dieser, dort jener Raum, bis auf den Schulhof führte.

Dann seine Testfrage: „Daniel, kannst du mich jetzt zurück zu deiner Klasse bringen?“

„Klar, nichts leichter als das!“

Oh, da war sie wieder, deine selbstsichere und auch etwas überhebliche Art, die wir dir so gerne abgewöhnen wollten!

Allerdings war dies nun wirklich eine ganz leichte Übung für dich, denn Orientierung und Konzentration waren schon immer deine Stärke.

Es ließ sich schulisch gut an. Du hattest eine Zweier-Bank für dich allein an der Schrankseite der Klasse. Die vielen benötigten Utensilien erregten natürlich das Interesse deiner Mitschüler: eine elektrische Schreibmaschine, eine Blindenschriftmaschine, ein Taschenrechner für Blinde, der so groß war, dass eine Tragetasche gerade dafür ausreichte, und natürlich Blindenschriftbücher, die eine beachtliche Größe hatten. Bereitwillig zeigtest und erklärtest du alles, bis die Neugier befriedigt war. Der Schulalltag nahm seinen Lauf. Nur eins war den Klassenkameraden lästig und nervte sie: Kurz vor dem Pausenklingeln sagtest du regelmäßig: „Ich hab da noch eine Frage…“

Hatten wir die täglichen Fahrten nach Hannover durchgesetzt, dachten wir eigentlich, dass es bei der kürzeren Strecke nach Hildesheim keine Probleme geben könnte. Aber weit gefehlt! Wieder war Kampf angesagt. Ganz besonders, als wir einen persönlichen Zivildienstleistenden für dich beantragten.

„Wäre er doch in der Blindenschule geblieben!“, bedeutete man uns hart und verständnislos über die Notwendigkeit unseres Antrags. Aber Vati blieb auch hart in seiner Forderung, und du bekamst deinen Zivi „Michael“ als Betreuer. Er integrierte dich geschickt in den Klassenverband und setzte sich selbst für die gesamte Klasse ein. Bianka, die Schülerin im Rollstuhl, profitierte vor allem bei einer großen Klassenfahrt von seiner Hilfe.

Gemeinsam mit Herrn Wessel, deinem damaligen Klassenlehrer, erinnerten wir uns kürzlich an deine erste Zeit im Andreanum. Er war engagiert, erfinderisch und scheute kein Hindernis. Vor allem wusste er die Schüler für die Bedürfnisse der beiden Behinderten in ihrer Mitte zu sensibilisieren. Nur so und mit der Hilfe des Klassen-Zivis konntet ihr beide an der Klassenfahrt teilnehmen.

Zunächst blieb das ganze Unternehmen schon in der Vorbereitung stecken. Bianca und du, ihr solltet zu Hause bleiben. Mit Vehemenz verteidigte Herr Wessel seinen Vorsatz: „Alle oder Keiner!“ Es waren dann alle dabei, und es wurde eine soziale Aufgabe für die gesamte Klasse.

Schmunzelnd erinnerte sich Herr Wessel an die „Aktion Bergbesteigung“ (wahrscheinlich der Hausberg von Idar-Oberstein).

Es war der innigste Wunsch von Bianka, die allgemein bekannte schöne Aussicht von oben zu genießen. Ihr machtet es gemeinsam möglich, indem vorne am Rollstuhl Seile befestigt wurden und Mitschüler sich als Zugpferde hineinhängten. Dich hatten sie verdonnert zu schieben. Damit waren die anderen sicher, dass du ihnen unterwegs nicht verloren gingst oder etwa wegen allzu großer Neugierde vom Wege abkamst. Herr Wessel hatte längst deine

Schwächen erkannt und dich listig dem „Schwertransport“ zugeordnet.

Ein anderes Erlebnis war *dir* entfallen, für Herrn Wessel aber eine nachhaltige Begebenheit. Du wolltest im Schwimmbad so gern vom „Dreier“ (oder Fünfer?) springen, trautest dich aber letztlich doch nicht. Begeistert nahmst du dann Herrn Wessels Angebot an, zusammen mit ihm zu springen. Er nahm dich auf den Arm, denn du warst ja immer noch ein zartes Bürschchen. Gerade wollte er bis drei zählen, dann sollte es losgehen, da unterbrachst du ihn. Hattest du plötzlich Angst? Das wäre mal ganz was Neues gewesen! Nein, du wolltest selbst zählen, weil du dann genau wusstest, wann du Luft holen musstest.

„Wieder was fürs Leben gelernt!“, kommentierte dein Lehrer den Vorgang von damals.

Und das machte es wohl aus, dass man im Umgang mit dir oder besser noch in der Zusammenarbeit mit dir so viele neue Erkenntnisse gewann, dass auch Lehrer, Erzieher und Eltern „etwas fürs Leben lernten“.

Ein anderes „Aha-Erlebnis“ hatte Herr Wessel, als er den Hagentorwall mit dem Auto, ganz langsam an dir vorbei, hochgefahren kam. Du warst auch gerade auf dem Weg zur Schule und riefst ihm ein fröhliches: „Guten Morgen, Herr Wessel!“ zu.

Erstaunt fragte er zurück: „Woher wusstest du …?“

„Na, ich kenne doch Ihr Auto!“

Tatsache war, dass du sein Auto zwar nicht sahst, aber das Motorengeräusch sehr wohl zuordnen konntest.

Ganz zu Anfang eurer Bekanntschaft, erzählte Herr Wessel, habest du ihn in arge Verlegenheit gebracht, als du fragtest, ob du dicht an ihn herankommen dürftest, um ihn abzutasten. Du durftest, aber welche Peinlichkeiten hatte er erwartet? Er konnte es heute nicht mehr nachvollziehen. Jedenfalls warst du hochzufrieden mit sei-

nem Aussehen, denn natürlich machtest du dir gern „ein Bild" von den Menschen, die dir wichtig waren. Dein Lehrer war erleichtert.
Eigentlich begleiteten uns immer Angst und Sorge um dich. Wir schickten oft genug Stoßgebete gen Himmel, dass dir nicht „Unfall noch Gefahr" geschehen möge. Es fehlte doch nun mal einer deiner Sinne, mit dem du dich selber hättest sichern können! So wird dir lebenslang, wie auch jedem anderen Blinden, erhöhte Aufmerksamkeit und Konzentration abverlangt.
Einmal kamst du mit einem völlig verbogenen Blindenstock zurück. Du wolltest uns eigentlich nicht beunruhigen, aber du brauchtest ja einen neuen Mobilitätsstock.
„Warum?", forschten wir nach.
Da zeigte sich uns mal wieder ganz deutlich, wie sehr du stetig die Wachsamkeit eines Schutzengels brauchtest, den du immer wieder mit kleinen Waghalsigkeiten strapaziertest! Der weiße Stock hatte übrigens die hässliche gelbe Binde abgelöst.
Den Wall hinauf zur Schule kanntest du inzwischen gut, und das Wedeln mit dem Stock im Halbkreis vor dir her, verstärkte dein Sicherheitsgefühl, wenngleich auch noch zu jeder Zeit wache Sinne ungeheuer wichtig sind. So auch damals, als ein Auto langsam rückwärts auf dich zurollte. Es konnte nur rückwärts sein, denn du wusstest, der Wall war Einbahnstraße. Du wusstest auch, dass Autos Rück- und Seitenspiegel haben und der Fahrer dich hätte sehen müssen. Aber da knirschte es auch schon unmittelbar vor dir. Das Auto stand sofort – du auch –, den Stock aber hatte es erwischt, er war total verbogen! Deinen Schutzengeln, von denen wir längst wussten, dass einer allein es gar nicht schaffen konnte, sei wieder einmal von Herzen gedankt! Eine geschockte Schülerin sprang aus dem Auto. Sie war nur einen Moment unkonzentriert gewesen.
„Nur" ein verbogener Stock, aber in Zusammenarbeit mit den Engeln wurde er zum Lebensretter.

Die nachhaltige Lehre an diesem Morgen: „Gehe niemals, auch bei kürzesten und eigentlich bekannten Wegen, ohne den Blindenstock dabei zu haben!"
Seitdem du ihn hattest, war das immer eine unserer dringenden Ermahnungen. Nach dem Vorfall mit dem Auto hast du unsere dringende Bitte verstanden.
Herr Wessel wusste noch etwas zu erzählen. Die Exkursion ins Hildesheimer Pelizäus-Museum bescherte ihm nämlich einen großen Schrecken. Er versuchte immer mit Bedacht, mögliche Vorkommnisse auszuschalten. Deshalb gab er dir Julian, einen Klassenkameraden, an die Seite. Der kannte sich im Museum aus, weil sein Vater verantwortlicher Leiter war, zurzeit aber im Ausland weilte. Julian sollte dich führen, dir alles zeigen und erklären, und dich manches auch „begreifen" lassen.
Plötzlich war er aber mit dir verschwunden, und euer Lehrer kam auf der fieberhaften Suche nach euch ins Schwitzen, denn schließlich standen das Ansehen der gesamten Schule und weitere Museumsbesuche auf dem Spiel, wenn jetzt etwas Regelwidriges geschehen würde.
Ihr beide aber wart inzwischen in das Büro von Julians Vater gegangen, zu dem der Sohn natürlich jederzeit Zugang hatte. Herr Wessel erwischte euch gerade, als Julian unter den vielen Schlüsseln den für eine Vitrine suchte, in der sich eine äußerst kostbare Skulptur unter Sicherheitsverwahrung befand. Es war auch noch eine extra Aufsicht für diese Vitrine abgestellt worden. Ziemlich sicher schien allerdings, wenn Julian, Sohn des Chefs, mit dem Schlüssel aufgetaucht wäre, hätte man ihn wohl an das teure Exponat herangelassen. Er wollte es doch nur seinem blinden Klassenkameraden zugänglich machen.
Daraus wurde nun nichts, nachdem Herr Wessel euch aufgestöbert hatte. So richtig verstanden habt ihr jedenfalls nicht, warum er sich so aufregte, akzeptiertet aber natürlich ohne Protest die Verweige-

rung der Erlaubnis, zumal, außer einer gehörigen Gardinenpredigt vom Klassenlehrer, keine Strafe folgte.

Ein anderer Lehrer, Dr. Nicolaus Strube, dein Lehrer für Latein und Griechisch, schrieb mir gerne seine Erfahrungen mit dir auf:

Ich lernte Daniel als „Schülerpersönlichkeit" im Lateinunterricht kennen, wurde mit seiner Blindheit und den damit verbundenen methodischen und didaktischen Besonderheiten seiner Lernbedingungen vertraut und war mit keinen unlösbaren Problemen konfrontiert gewesen.

Diese Erfahrungen auf den Griechisch-Unterricht zu übertragen, wäre doch – so könnte man meinen – keine Schwierigkeit. Gleichwohl stellte ich mir zu Beginn die Aufgabe ungleich schwieriger vor.

Denn während die lateinische Sprache pragmatischer „funktioniert" und dabei eher an rationale Inhalte geknüpft ist, so ist Griechisch dagegen wegen seines Reichtums an ästhetischen und damit visuell zu erschließenden Aspekten, wegen der hohen Gewichtung des Augensinns und der Anschaulichkeit seines kulturellen Erbes, kurz wegen des „Bilderreichtums eines ganzen Volkes" (Goethe), einem blinden Schüler eben nur schwer zu vermitteln. Würde Griechisch auch bei ihm die „Schule des Schauens und Durchschauens" werden, als welche Friedrich Nietzsche den Griechisch-Unterricht sah?

Ich betrachtete meine Aufgabe als pädagogische Herausforderung und ging ans Werk. Als Erstes stand die Vermittlung der griechischen Schrift an. Sie wäre eigentlich verzichtbar gewesen, zumal das Unterrichtsgespräch und die Klassenarbeit (mittels Tonband-Kassetten) sich mündlich abwickeln ließen.

Doch dann hätte Daniel nicht von Anfang an wahrgenommen, mit welchem Schönheitssinn die Griechen begabt waren und wie stark sich ihre ästhetische Kultur in allen Bereichen ihres Lebens entfaltete, auch in der Schrift. Denn mehr als das daraus abgeleitete lateinische Alphabet ist die griechische Schrift von einem differenzierten Sinn für harmonische und ornamentale Formen und Gestalten geprägt. Kant nannte den Gewinn im Umgang mit diesem Schönheitssinn das „interesselose Wohlgefallen". Möglich und erlebbar wurde es für Daniel über eine spezielle Schreibplatte, die die Schrift erhaben sein ließ, sodass sie durch den Tastsinn „lesbar" war.

Vollends der Klangreichtum („Das Griechische erklingt wie ein Stern, der in der Nacht erscheint", meinte einst voller Begeisterung der Griechischschüler Herder), die Musikalität einer vokalreichen Sprache war Daniel unmittelbar, ja, sogar in höherem Maße zugänglich. Seine feinere Sensibilität und Differenzierung erschlossen ihm die hörbare Schönheit des Griechischen stärker als es bei seinen sehenden Klassenkameraden der Fall sein konnte.

Was die griechische Kunst betrifft, so musste natürlich im Unterricht die Anschauung für ihn durch Verbalisierung ersetzt werden.

Daniels Klassenkameraden, ja, auch der Lehrer, profitierten davon, dass alle gezwungen waren, ihre ästhetischen Beobachtungen in Worte zu transponieren. Vergaßen sie es, so wurden sie augenblicklich von Daniel daran erinnert. Dabei sagte er gern: „Sie müssen, oder du musst das so sagen, dass ich es auch sehen kann."

Eine große Sehschule wurde für die sehende Klasse der Besuch in der Antikenabteilung des Kestnermuseums. Wir standen vor einer unterlebensgroßen Marmorstatue, die August Kestner im 19. Jahrhundert in Rom erworben hatte. Wir sprachen über den Kontrapost, über die Verlebendigung der Steinstatue durch die Spannung zwischen Stand- und Spielbein.

Als eine Schülerin halblaut zu Daniel sagte: „Schade, dass du es nicht sehen kannst, wie der tote Stein Leben erhält", brachte sie mich damit auf eine Idee. Ich ging zur Aufsicht und bat darum, dass unser blinder Schüler die Statue betasten dürfe. Er holte sicherheitshalber den Direktor des Museums persönlich. Der stellte sich dazu und führte Daniels Hände über Teile der Statue. Während Daniels Gesicht eine große Wichtigkeit und Freude spiegelte, betastete er mit Hingebung die Marmorstatue und sagte: „Am linken Fuß fehlen drei Zehen, der rechte Arm fehlt ganz, das Gesicht der Figur ist sehr schön."

Seine Mitschüler standen wie gebannt dabei und verfolgten seine „Seherfahrungen". Ich glaube, so intensiv hatte noch niemand von ihnen zuvor eine Skulptur betrachtet, wie durch die „Vermittlung" Daniels. Selbst der Museumsdirektor war beeindruckt von dieser, auch für ihn, neuen Sehübung.

Die Integration des blinden Daniel in eine „normale" Schulklasse, die seitens der Schulleitung sehr kritisch gesehen wurde, förderte für alle Beteiligten immer wieder ganz außergewöhnliche Lernerfahrungen zutage. Manchmal konnte man meinen, da schildere ein Sehender unter Blinden, was er erlebt hatte, ganz lebendig, intensiv und farbig.

Es wurde uns klar, Augen zu haben, bedeutet nicht, sie auch zu intensivem Sehen zu verwenden. Vielen wurde bewusst, wie oberflächlich sie Menschen und Dinge betrachteten.

Wir sprachen im Unterricht über die Farben eines griechischen Mosaiks. Es war meines Erachtens die Alexanderschlacht, die in Pompeji ausgegraben wurde. Ein Schüler verbalisierte das dargestellte Schlachtgeschehen und sprach von der roten Gesichtsfarbe eines Persers.

„Was ist rot?", fragte Daniel dazwischen.

„Ja, rot ist rot", antwortet der Gefragte. Da wurde allen bewusst, dass Farben an visuelle Wahrnehmung gebunden sind, und wie allenfalls ihre Wirkung auf die Psyche des Betrachters in Worte gekleidet werden kann.

„Daniel, stell dir vor, Rot ist die Farbe, die auf dich zukommt."

„Manchmal ist sie fast aggressiv."

„Sie springt den Menschen in die Augen."

„Manchmal ist sie schreiend, Daniel. Du kannst doch hören!"

Solche und ähnliche Versuche der Schüler, die Farbe Rot zu beschreiben, sind mir in Erinnerung geblieben.

An dem Fresko „Die Schule von Athen" von Raffael entwickelte ich die unterschiedlichen philosophischen Denkgebäude von Plato und Aristoteles. Ich hielt es für ein wichtiges Lernziel, weil viele ernst zu nehmende Philosophen der Gegenwart meinen, dass alle philosophischen Theorien der europäischen Geistesgeschichte nur Fußnoten, Anmerkungen oder Variationen zu diesen beiden Denksystemen sind.

Beide Philosophen, Plato und Aristoteles, zeigen in der Bildregie Raffaels auf den Bereich, der für sie die eigentliche Wirklichkeit des Seins darstellt.

Aristoteles zeigt mit der Hand nach unten auf die empirisch wahrnehmbaren Dinge der Welt.

Plato zeigt nach oben zu den „Ideen", den unsichtbaren Urbildern von den Dingen, die uns im Leben und auf der Welt begegnen.

Es entstand ein „ontologisches Streitgespräch" zwischen den Aristoteles-Anhängern und den Plato-Fans. Daniel war begeisterter Platoniker: „Das Wesentliche ist für die Augen unsichtbar." Und wissend setzte er hinzu: „Saint-Exupery war auch Plato-Schüler."

Bei der Behandlung des griechischen Theaters nahmen wir uns, vom Lehrbuch angeregt, eine Tragödie des Sophokles vor, den Ödipus Tyrannos.

Die Quintessenz des tragischen Stückes, dass Ödipus als Sehender – vor seiner Blendung – blind war für seine persönliche Schuld, dass er aber dann als Blinder seine existenzielle Situation in voller Klarheit sehen konnte, ging allen deshalb unter die

Haut, weil ein Blinder in ihren Reihen präsent war, der sie häufig mit seiner Klarsicht und Hellsichtigkeit verblüffte.
Der Parthenon auf der Athener Akropolis war Unterrichtsthema. Das Fazit am Ende lautete: Seine optimale optische Wirkung beruht auf den so genannten optischen Korrekturen. So sind zum Beispiel alle Säulen nach innen geneigt. Wären sie es nicht und stünden sie absolut senkrecht, so würde bei der Größe des Bauwerks der Eindruck entstehen, als ob sie nach außen zu fallen drohen.
Dass das menschliche Sehen optischer Täuschung unterliegen kann, erfüllte Daniel mit Genugtuung: „Das kann mir nicht passieren", stellte er genauso selbstbewusst wie schelmisch fest. Wie überhaupt Daniel mit seiner Behinderung sehr locker und elegant umzugehen pflegte, ohne an Selbstwertgefühl einzubüßen.
Dieser Eindruck deckt sich mit meinen Erfahrungen, die ich – ebenfalls im Griechisch-Unterricht – mit dem zweiten behinderten Schüler des Andreanums machte, mit Thomas Quasthoff. Beide lebten und agierten in dem Sozialverband ihrer Klasse, als hätten sie überhaupt keine Behinderung.
Sah ich Daniel mit seinem Stock schwierige und zum Teil gefährliche Wegstrecken in der Stadt bewältigen, so war es nicht nur einmal, dass ich ihn unter einer besonderen, unsichtbaren Obhut wähnte – die sichtbare waren seine Eltern.
Es kam vor, dass mir Dietrich Bonhoeffers Wort „Von guten Mächten wunderbar geborgen" in den Sinn kam.
Aber auch den Psalm 23 kann ich nicht hören, ohne an den zu denken, der Daniels Wege ins Leben und durch das Leben behütet und ihm diese Zuversicht gegeben hat.
In Psalm 23 wird er der „Gute Hirt" genannt:
Er führet mich auf rechter Straße um seines Namens Willen.
Und ob ich schon wanderte im finstern Tal, fürchte ich kein Unheil; denn du bist bei mir.
Dein Stecken und Stab geben mir Zuversicht.

Als Mutter stellte ich immer wieder erfreut fest, wie beeindruckend, ja bereichernd, für alle Mitverantwortlichen das Arbeiten mit dir war. Man braucht darüber nicht die Unbequemlichkeiten und die Unsicherheiten zu verschweigen, die natürlich gleichgewichtig auf beiden Seiten lagen. Schließlich wurde jedem Lehrer eine völlig neue Unterrichtsvorbereitung und Durchführung abverlangt. Du warst im Gegenzug aber auch ein guter und ernsthafter „Mitarbeiter“. Ihr lerntet voneinander, und das zahlte sich aus. Das Verbalisieren, statt an der Tafel schweigend etwas anzuschreiben, wollte geübt und gelernt sein, ebenso das Sehen und Erklären für dich.
Jeder hatte erst einmal zu begreifen, dass für einen Blinden eine ungeheure Konzentration nötig ist, einem sechsstündigen Schultag bis zur letzten Minute munter zu folgen.
Eine wesentliche Erleichterung trat ein, als man dir in bestimmten Fächern erlaubte, ein Tonband mitlaufen zu lassen. Das konntest du dann zu späterer Zeit zu Hause in Ruhe nacharbeiten. Kaum können wir heute noch nachvollziehen, dass du den größten Teil deiner Schulzeit ohne Computer gearbeitet hast!

Das Kaleidoskop deines bisherigen Lebens für dich festzuhalten, entfachte zwischen dir und mir einen regelrechten Spürsinn. Wie oft saßen wir mit ganz vielen bespielten Kassetten, die sich im Laufe der Jahre angesammelt haben, gemütlich bei prasselndem Kaminfeuer und einem Becher heißer Schokolade beisammen und hörten Erinnerungssplitter, die auf amüsante Weise Erlebnisse, Geschichten und Anekdoten von dir preisgaben. Leider können die interessanten Musikbeispiele aus den Anfängen deiner Lehrzeit hier nicht wiedergegeben werden.
Eines Tages hattest du ein Diktiergerät und nutztest es gern, um interessante Beobachtungen wie ein Reporter ins Mikrofon zu berichten.

Auf diese Weise konnten wir auch unseren Besuch im Pergamon-Museum zusammenfassend kommentieren.
Es war die Zeit, als du schon dein Mobilitätstraining mit dem Langstock absolviert hattest und damit gleichzeitig die Ära der gelben Armbinde vorbei war. Aber noch nicht in der DDR! Wir hatten deinen Stock an der Garderobe abgegeben, und du schicktest dich an, alles abzutasten. Das gab Schwierigkeiten. Andere Besucher beanstandeten, dass da ein Kind herumkroch und alles betastete. Wie man uns dann erklärte, warst du in deren Augen kein „echter Blinder", weil du keine Binde trugst.
Erst die gelbe Binde mit den drei schwarzen Punkten machte also einen Blinden zum Blinden.
So ein Pech! Mit dem Stock in der Hand war deine Beweglichkeit sehr eingeschränkt. Eiligst wurde nun von irgendwoher eine alte gelbe Binde mit den drei schwarzen Punkten besorgt. Damit waren deine tastenden Hände legitim und der „Palastfrieden" wieder hergestellt.
Als wir aber später in einem DDR-Café saßen, trafen uns doch viele missbilligende Blicke. Zwar hatten wir notdürftig deine Hände gesäubert, nicht aber die eingestaubte übrige Kleidung. „Und so was kommt aus dem Westen!", stand unmissverständlich in den Gesichtern des Personals und anderer ostdeutscher Besucher.
Aber ein gesundes Selbstwertgefühl half uns über solche Kleinlichkeiten hinweg. Für dich war der gesamte Tag ein tolles Erlebnis gewesen, und nur das zählte.
Auf dem Tonband entdeckten wir noch eine ganz kleine Episode über Herrn Mohmeyer, Lehrer in Lamspringe. Du warst ihm nach längerer Zeit wieder begegnet und erkanntest ihn sofort. Große Verwunderung: „Daniel, woher weißt du…?"
„Keine Zauberei, Herr Mohmeyer, Sie haben immer noch das gleiche Rasierwasser!", war deine pfiffige Antwort.

In diesem Erlebnis wird deutlich, welche Sinne für die Wahrnehmung deiner Umwelt wichtig sind. Es sind nicht nur das Gehör und der Tastsinn – auch der Geruch spielt eine wichtige Rolle. Das fing bei dir schon sehr früh an.

Du warst gerade erst ein halbes Jahr alt, als du schon gezielt nach meiner Hand griffst, sie festhieltest und zu deinem Gesichtchen hobst. Ich war gerührt, wie die kleine Hand meine große suchte und sie zärtlich festhielt.

Doch manche Hände, die du ergriffen hattest, hast du sofort wieder losgelassen und dabei ein krauses Näschen gezogen. Was hatte das nur zu bedeuten?

Eines Tages hörten wir aus deinem ständig wachsenden Wortschatz deutlich zwei Worte heraus: „Nich gut!“ In diesem Fall ging es um die hilfreich dargebotene Geschwisterhand, die du unwillig zurückgewiesen hast. Dein Bruder hatte dir eine vom Spielen ganz schmutzige Hand gereicht.

Ein anderes Mal ging ich mit dir spazieren. Du schnüffeltest genüsslich an meiner Hand und stelltest anerkennend fest: „Leckere Seife!“

Mir war gar nicht bewusst gewesen, etwas besonders Duftendes benutzt zu haben.

Wenn wir zusammen einkaufen gingen, erbatest du dir oft ein neues Stück Seife. Davon sammeltest du viele in einem Korb und verschenktest sie gern an Freunde, die zu Besuch kamen. Sie hatten womöglich einen sympathischen Händedruck, verströmten aber keinen angenehmen oder überhaupt keinen Duft. Es war keine Marotte, auch keine kindliche Albernheit, nur ein Wink mit dem Zaunpfahl vielleicht, wenn du dann ein duftendes Stück Seife aus deiner Sammlung verschenktest.

Lern- und Wanderjahre

Mit Sympathie oder Ablehnung gingst du in jungen Jahren ziemlich sorglos um. Deshalb gab es durchaus peinliche Momente, wenn du dich hin und wieder abweisend zeigtest.

„Was war denn bloß los, Daniel? Du warst so unhöflich und brüsk."

Dann kam unter Umständen die heftige Antwort: „Die Stimme war so schrecklich! Ich konnte sie nicht ertragen!"

Oh, so ging das aber nicht! Damit musstest du dich jetzt richtig auseinandersetzen, beschlossen wir, denn einen angeborenen „Fehler" kann man nicht ablegen, wohl aber eine schlechte Angewohnheit.

Einer deiner Brüder erklärte dir treffend, wenn auch wieder einmal ganz direkt: „Du hast eine platte Nase. Die sieht gar nicht schön aus. Aber wir lieben dich trotzdem. Du gibst aber manchmal furchtbar an. Gewöhn dir das bloß ab, sonst mögen wir dich nicht mehr!"

Danke, Stephan! Besser hätten wir das auch nicht erklären können.

Viele deiner Ein- und Ausfälle sind schon in meinen anderen Büchern beschrieben, aber beim Anhören der alten Kassetten fielen uns noch viele Episoden ein. Da war die Musikfreizeit in Silberborn. Dass du auch Herrn Strohmeyer durchs Gesicht streicheln wolltest, sei nur am Rande erwähnt, dass du aber neben seinen Bartstoppeln auch noch „ein dickes Ding" entdecktest und es hässlich fandest, war schon ziemlich peinlich für mich.

Doch zum Glück gibt es Menschen, die peinliche Wahrheiten souverän verkraften können, wie der Herr Strohmeyer mit seiner wirklich hässlichen Warze auf der Nase. Er wusste es ohnehin.

Da war noch eine andere Musikfreizeit mit Herrn Strohmeyer, für die Mucke deine Koffer packte, weil Vati und ich in Urlaub waren.

Welch Erstaunen, als der kleine Bruder nach drei Wochen mit der freudigen Botschaft zurückkam: „Ich bringe dir die ganze saubere Wäsche wieder mit."

Das stimmte auffallend. Allerdings konnte Mucke dich nur mit spitzen Fingern greifen und in ein Schaumbad setzen.

„Du stinkst!", zischte sie dabei naserümpfend, holte dich dann aber nach angemessener Zeit porentief sauber wieder heraus.

Alle waren dann auch bereit, deinem Bericht über die Musikfreizeit zu lauschen, der in dem glaubhaft vorgebrachten Satz endete: „Aber schön war's!"

Lieber Daniel, ich denke, du hast deine Blindheit nie als Belastung empfunden, bist mit ihr so selbstverständlich umgegangen wie wir mit unserer Belastung. Du hast deine Probleme gelöst, ohne zu wissen, wie wir Sehenden die unsrigen lösen. Vielleicht war es für dich umso leichter, weil du noch nie sehen konntest. Wir können die Unterschiede mit dir nicht diskutieren. Was du aber kannst, ist, ganz wunderbar mit deinem Leben umgehen. Welch eine Gnade!

Auch an der Gestaltung deiner Zukunft beteiligtest du dich mit zunehmender Reife selbst. Wenn dich Zweifel oder doch auch mal Zukunftsängste überkamen, fandest du stets einen Gesprächspartner in deiner Familie oder im Freundeskreis. Und mit einem gesunden Gottvertrauen bekamst du immer wieder deine Schwächen in den Griff.

Ich denke an Frau Dr. Smollka, deine und vorher auch schon Friederikes Religionslehrerin, die inzwischen eine Freundin der Familie geworden ist.

Sie erzählte von einer bemerkenswerten Unterrichtsstunde, die ein Referendar unter ihrer Aufsicht zu gestalten hatte. Es ging um den König Salomo, der vor Gott einen Wunsch äußern durfte. Da lag die Frage an die Schüler nahe: „Was würdet ihr euch wünschen, wenn ihr einen Wunsch frei hättet?“
Es gab viele schnelle Antworten, die meisten waren relativ harmlos, und natürlich auch solche, auf die man nicht unbedingt eingehen musste.
Aber schlägt das Herz eines Junglehrers bei seiner Lehrprobe nicht höher, wenn da noch ein Gedanke von einem Schüler kommt, den es zu vertiefen lohnt? Du sagtest eigentlich nur kurz und bündig: „Kein Krieg mehr! Endlich Frieden!“
Der Referendar schaute dich nachdenklich an und fragte: „Möchtest du nicht sehen können wie wir anderen?“
Gedehnt, woraus man entnehmen konnte, dass du in dich hineinhorchtest, kam schließlich deine Antwort: „Ach so! Ja, vielleicht!“
Für einen Moment war es ganz still in der Klasse, bis es aus einem Jungen herausplatzte: „Mensch, Daniel, das wäre doch toll.“
Es gibt keine Überlieferung, ob und was du erwidert hast, aber Lehrer und Schüler waren stark beeindruckt, dass das Sehen können nicht dein vorrangigster Wunsch war.

In einer anderen Situation, in der Frau Dr. Smollka von der Darstellung eines fensterlosen Hauses sprach, kommentiertest du: „Ein Haus ohne Fenster muss doch sehr traurig und dunkel sein.“
Wir wussten, warum wir dich in die Welt der Sehenden integrierten. Du solltest die Worte, Begriffe und Situationen kennen, mit denen andere umgingen und mit denen du eines Tages im Beruf ganz sicher auch konfrontiert werden würdest. Du solltest die Welt der Sehenden kennen, um voll akzeptiert zu werden.

Du warst Frau Dr. Smollka viel früher schon einmal begegnet, als nämlich Friederike ihre Lehrer zu einem Sommerfest im Weinberggarten eingeladen hatte. Da spielte ein kleiner lebhafter Junge auf dem Hof Fußball – mit Geschick und Hingabe, einfach so zwischen den geparkten Autos, ohne dass die auch nur einen Tritt abbekamen.

Voller Bewunderung erzählte Frau Dr. Smollka später in der Gästerunde, dass sie eine Weile gebraucht habe, bis ihr bewusst wurde, dass der kleine Fußballspieler der blinde Bruder von Friederike sein musste.

Vati und ich bedachten diese Beobachtung später miteinander. Es musste wohl dein unerschütterliches Vertrauen in die Menschen in deinem Umfeld sein, das dich so sicher sein ließ. Du vertrautest darauf, dass sie für dich eintraten, wenn es für dich wichtig und nötig war. Sie schützten dich, sie sahen für dich, ohne dass du sie darum bitten musstest. Ganz besonders Kinder bewiesen großes Geschick und Einfühlungsvermögen im Umgang mit dir!

Frau Smollka machte einmal mit dir einen Besuch bei ihrer Freundin Lieselotte Jacobi, die im Spöktal in der Heide lebte. Diese hat später die Begegnung mit dir, in einem ihrer Büchlein festgehalten.[14]

---

14 „Schritt für Schritt", Rostock 2002, ISBN 3-89954-019-0.
Die Wiedergabe des Textausschnittes erfolgt mit freundlicher Genehmigung der Autorin.

Ein Fest mit Daniel

Dieses ist der zweite Sommer im Spöktal. Meine Freundin Eva-Maria ruft mich an: „Darf ich dich besuchen? Ich bringe Daniel mit."

„Wer ist Daniel?", frage ich. „Einer meiner Schüler am Andreanum in Hildesheim."

Es ist Juni. Die Bienen und Hummeln summen in den Heckenrosen. Die Kiefern rauschen – wie nahes Meer. Die Kartoffelrosen duften süß und die Birkensträucher würzig. Sie sind nass vom Tau.

Ich höre Schritte auf dem Flur und Eva sagen: „Daniel, taste bitte die Breite ab! Der Gang ist eng. Und hier rechts steht Lilos Rollstuhl, der Felix."

Es klopft. Daniel begrüßt mich. Ich sage ihm, dass ich mich freue.

Eine schmale dunkle Hand liegt kühl, feingliedrig in meiner sonnenwarmen.

Daniel hebt mir sein Gesicht entgegen. Seine Augen sind dorthin gerichtet, woher er meine Stimme vernimmt. Aber sie blicken ins Leere. Dann halten sie den braunen Iris- und schwarzen Pupillenkern gesenkt. Daniel ist blind.

Kein bisschen scheu beginnt er zu sprechen: „Ich bin Daniel. Ich möchte Sie kennen lernen, vor allem auch Ihren Rollstuhl, den Sie ‚Felix' nennen."

Wippend spielt er mit seinem Blindenstab zwischen Finger und Daumen. Er zeigt ihn mir: „Sehen Sie? Ich hab auch einen kleinen Helfer, einen feinen winzigen ‚Felix'".

Sein Stab reicht ihm bis an die Brust. „Das ist die richtige Höhe", erklärt er mir. „Der wächst mit."

In seiner Haltung mit dem Stab gleicht er einem Hirtenjungen, der lauschend auf das Trampeln seiner Herde achtet. Ernst und fast zu jung für diese Aufgabe.
Lieber Daniel, denke ich, wirst du den Aufgaben des Lebens gewachsen sein? Ohne Augenlicht? Du hast nie gewusst, was „Sehen" bedeutet, ohne Vorstellung, ohne Farben, ohne innere Bilder vor Augen hast du dir die Welt vorstellen müssen.
Ich lege ihm meine Hand um die Schultern, als wollte ich ihn beschützen. Vor Dunkelheit? Das kann ich nicht. Vielleicht vor Ecken und Kanten.
„Hast du manchmal Angst, Daniel?"
„Ja, bei Gewitter. Dann packe ich mir sämtliche Kissen über den Kopf und verstecke mich tief im Bett. Ich habe Angst, wenn ich allein bin. Ich brauche immer einen Menschen. Wie Sie auch! Darum sind wir beide Kollegen!" Er lächelt.
Wir erleben unsere erste Begegnung. Wir sind ein bisschen verzaubert, fasziniert. Daniel spricht es so aus: „Ich hab mich sehr gefreut auf diesen Tag. Er soll ein Festtag werden."
Jetzt tastet er sich durch die neue Umgebung. „Was war da eben in meinem Haar?"
„Eine Fliege!"
„Gut. Wespen mag ich nämlich nicht in meiner Nähe."
Wir sitzen auf der Terrasse. Er neigt sich zur Seite. „Hier summen wohl über hundert Bienen."
„Ja, in den Heckenrosen."
Das Schießen vom fernen Truppenübungsplatz irritiert ihn. „Gewitter?"
Ich beruhige ihn. Flugzeuge erschrecken ihn. Er zuckt zusammen. Ich lasse ihn die Heckenrosen befühlen und stecke seine kleine runde Nase in die weißen und dunkelrosa Blüten.
„Ja, die duften gut, nach Seife würde ich sagen."
„Daniel, wo bist du geboren?"

„Auf Taiwan. Meine Eltern haben mich ausgesetzt, weil ich eine Strafe für sie bedeutete. Ich bin blind zur Welt gekommen. Meine Augen sind nicht entwickelt.“ Er steht auf – und mich trifft ein Blick aus seinen klaren, blanken Augen mit wunderschöner, strahlender Iris und bläulich-weißer gesunder Bindehaut. Aber es sind nur zwei von Menschenhand angefertigte Kunstwerke. Damit jeder findet, was eigentlich bei Daniel fehlt. Damit niemand erschrickt.

Und diese Rücksicht auf die anderen spiegelt sich auffallend in seiner deutlichen Aussprache, die er als Lauschender auch von anderen erwarten sollte.

Er kommt auf mich zu: „Erschreckt es Sie, was ich jetzt mache?“ Und schon nimmt er mit schnellen geschickten Griffen das rechte Auge aus seiner Höhle, um mich dahinter sehen zu lassen.

„Ja, Daniel, ich erkenne einen Beginn von deinem Auge. Da befindet sich nur eine leere Fläche. Die Natur hat eine Haut gebildet mit der verwischten Skizze einer Bleistiftzeichnung. Das ist alles. In dieser Entwicklungsphase setzte wohl plötzlich ein Energiemangel ein.“

„Richtig! Aus diesem Grund wollten mich meine Eltern nicht behalten. Damals hieß ich Schüi-Ming und war ein Baby. Mein Vater ist Missionar.“

Um die Mittagszeit sind wir im Garten. „Hier ist alles frei“, bemerkt er, „keine Mauer, kein Haus.“ So empfindlich kann er seine Antennen ausfahren und spüren, wo er sich befindet.

Er geht dicht hinter meinem Rollstuhl her und berührt leicht die Rückenpolster. „Sie sind der ideale Mensch für mich! Felix“, sagt er und klopft gegen die Rückwand, „du bist der beste Blindenhund für mich.“ Sicheren Schrittes plaudert und entdeckt er.

Inzwischen sind wir so vertraut miteinander, dass er „du“ zu mir sagt.

Nach dem Mittagsschlaf spielt er auf seiner Geige ein Konzert von Mozart. Eine Kassette ersetzt das Orchester.
Es haben sich dazu Gäste eingefunden und die größeren Kinder der Familie Marold. Er probiert den Flügel aus und führt den Kindern allerlei Kunststücke vor, diskutiert mit ihnen, und alle haben ihren Spaß an diesem Tag mit ihm.
Daniel, denke ich: Du hast das Licht der Welt nicht erblicken können. Du lebst trotzdem. Du bist ein Künstler ohnehin.
Du hast in einem Pappkarton vor der Haustür einer Missionsstation gelegen. Fast verhungert und ausgetrocknet. Mit einer Pipette hat man dich gefüttert, anfangs nur mit Wasser. Ein schönes Kind bist du geworden und trägst jetzt, mit dreizehn Jahren eine italienische Geige bei dir. Du hebst das wertvolle Instrument ins Auto und tastest, ob es gut liegt.
Wir haben gelacht, gesungen, gespielt und ein Fest mit dir zusammen gefeiert. Die Kinder stehen bereit zum Winken.
„Das sieht Daniel doch gar nicht!“, entschlüpft es mir fast vorwurfsvoll.
„Aber Eva sieht es im Rückspiegel“, rufen sie einstimmig.
„Daniel, merkst du es, wenn wir dir mit den Handtüchern nachwinken?“
„Na klar sehe ich das!“, und er streckt den Arm zum Fenster hinaus, bis das Auto hinter dem Wald verschwindet.

Die Hildesheimer Schulzeit waren nicht nur Lern-, sondern auch im wahrsten Sinne des Wortes Wanderjahre.
Du wurdest bald zu einer Besonderheit, wenn du mittags sicheren Schrittes quer über den Wochenmarkt eiltest, um vom Andreanum zur Musikschule zu gelangen. Hatte der eine oder andere Marktbeschicker dir anfangs seine Hilfe angeboten, dich sicher über den Platz zu geleiten, lehntest du mit dem dankendem Hinweis ab: „Das kann ich schon selber, denn das habe ich im Mobi-

litätstraining gelernt. Aber bitte stellen Sie mir nichts in den Weg, dass ich Ihnen nicht etwa einen Obst- oder Eierkorb umwerfe und Sie unbeabsichtigt verärgere."

Diese höfliche Antwort verfehlte keineswegs ihre Wirkung. Tauchtest du am unteren Ende des Platzes auf, entstand ein so emsiges Schieben und Räumen, dass der Weg breit genug für ein Pferdegespann gewesen wäre. Du tatest noch ein Übriges, grüßtest rechts und links, wünschtest einen schönen Tag oder stelltest fest, dass es ein schöner Tag sei. Dann eiltest du am Marktgeschehen vorbei.

Wir wussten von diesem Ritual nichts. Freunde machten uns darauf aufmerksam, und wir wollten dich einmal dabei beobachten und amüsierten uns köstlich. Leider entdeckten wir gleichzeitig auch eine Ungehaltenheit – beinahe schon Unhöflichkeit – deinerseits. Wir besprachen es später mit dir.

Du bekamst eben nicht nur unseren Stolz, sondern auch heftige Kritik zu spüren. Denn wir waren uns einig, dass wir auch kleine Unarten unterbinden sollten, besonders dann, wenn dir jemand ganz offensichtlich etwas Gutes tun wollte, aber nicht wissen konnte, dass es dir just in dem Augenblick nicht wirklich gut tat.

An diesem Tag beobachteten wir nämlich, wie eine Marktfrau dich freundlich grüßte und dir einen Apfel zustecken wollte, den du unwirsch ohne jede Erklärung ablehntest.

„So darfst du dich nicht benehmen, Daniel. Du kannst doch ganz einfach sagen, dass du beide Hände brauchst, eine für den Stock, um den Weg damit zu finden und die andere für den Geigenkasten. Wohin also mit dem Apfel?"

„Danke", nutztest du beim nächsten Mal unseren Rat, „tun Sie ihn bitte hinten in meinen Rucksack, dann behalte ich die Hände frei. Den Apfel esse ich später in Ruhe und mit Genuss."

So viel Höflichkeit hatte prompt Folgen! Bei jedem deiner nun folgenden Musikschul-Markttags-Gänge füllte sich der Rucksack mit köstlichem Obst für den Feierabend.
Manchmal wurdest du von Friederike begleitet, die bis zu ihrem Abitur in Hildesheim bei ihrer Patentante wohnte, und für dich dadurch schnell mal zur Stelle sein konnte. Du liebtest Spaziergänge mit ihr und Macavety, hörtest ihren Rat, oder ihr bespracht anfallende Probleme und die mögliche Bewältigung.

Die Hildesheimer Schulzeit erleichterten wir dir insofern, als wir ein Zimmer im ehemaligen Internats-Gebäude der Schule mieten konnten. Nun brauchtest du an manchen Tagen nicht zweimal hin und her zu fahren, wenn du am Nachmittag noch Musikschulunterricht hattest.
Wir sprachen von deinem Tag als „vollbeschäftigt mit zusätzlichen Leistungen“. Die Schule forderte dich wie einen „Normalschüler“, aber du musstest weit mehr dafür tun.
Rückblickend kann ich das jetzt natürlich anders einordnen. Das Computerzeitalter (für jedermann) hatte noch nicht begonnen.
Wir, die dir die Integration so „schmackhaft“ gemacht hatten, standen nun auch unter dem Druck der Beweislast.
Wahrscheinlich haben wir dir nie offen gezeigt, *wie* stolz wir waren, dass du alle Anforderungen der Integration zu packen schienst. Bei alledem warst du nicht einmal ein ehrgeiziger, vielmehr ein absolut verantwortlicher und für alle Wissensvermittlung dankbarer Schüler. Wir brauchten nie zu fragen, ob du deine Hausaufgaben schon gemacht hattest, ob und welche Zuarbeit du von uns benötigtest. Du konntest es beurteilen und danach entscheiden, und wir haben uns darauf verlassen. Wir fragten also nie „Hast du …?“
Unsere Frage war nur: „Brauchst du uns und wann?“ Das zeugte von gegenseitigem Vertrauen

Deine Arbeitsmethode im musikalischen Bereich war ähnlich. Hier konnten wir dir am wenigsten helfen. Den Hauptteil bewältigte deine Musiklehrerin Ina Gabriel. Ihr arbeitetet intensiv, effektiv und erfolgreich. Gleich bei deiner ersten Teilnahme bei „Jugend musiziert" gewannst du im Regionalbereich den ersten Preis. Obwohl das keineswegs unser Verdienst war, platzten wir beinahe vor Stolz.

Über Freunde lernten wir den blinden Kirchenmusiker Hermann Grünert in Neuendettelsau kennen, und da ihr musikalisch gut zueinander fandet, entstand ein wertvoller Austausch unter euch beiden. Und wie das so oft im Leben passiert, vertieftet ihr eure Zusammenarbeit, indem du unter seiner Anleitung das Schulpraktikum in Neuendettelsau absolviertest. Und weil das für euch beide ein Gewinn war, holte er dich dann während deines Studiums einmal zu seiner Urlaubsvertretung. Es war von Vorteil, dass dir Reisen keine Schwierigkeiten bereitete. Was für die meisten jungen Leute das Auto ermöglichte, ersetzte dir die Eisenbahn. Sie machte dich ebenso mobil. Deine Kontaktfreudigkeit brachte dir dann ganz nebenbei auch noch interessante Gespräche oder auch wertvolle Begegnungen, aus denen sich sogar Freundschaften entwickelten.

Begegnungen, Kontakte – davon profitiertest du viel. Ganz einfach, weil du stets offen für Gespräche warst, die du später für dich ausgewertet hast. Manchmal, wenn ich dabei war, gab es was zum Schmunzeln, Wundern, Bewundern. Mitunter kam es auch zu Peinlichkeiten. Aber es war auch oft jemand bei dir, der dich hinterher in aller Stille korrigierte. Durch deine Blindheit konntest du Situationen nicht so selbstverständlich erfassen und einschätzen. Du musstest jeweils erspüren, was andere mit den Augen wahrnahmen.

Da ist mir ein Nachmittag in Erinnerung, der mich peinlich, bewundernd und stolz zugleich berührte.

Frau Gabriel war mit ihren Geigenschülern zu einem kleinen Vorspiel auf Schloss Rheden eingeladen. Ihr wart alle so zwischen acht und vierzehn Jahren. Du warst nicht der Jüngste, wohl aber – wie meistens – der Kleinste und Zierlichste. Das hatte an diesem Nachmittag zur Folge, dass dich die Gastgeberin, eine echte Prinzessin, auf ihren Schoß hob. Mir war das nie so recht, weil es oft zeigte, dass dein Alter unterschätzt wurde. Du warst aber inzwischen alt genug, um das selber zu bemerken und mehr oder weniger geschickt in die richtigen Bahnen zu lenken.
An diesem Nachmittag lenktest du bewusst und übernahmst die Unterhaltung: „Sind Sie eine richtige Prinzessin?“
„Ja!“
„Sie sind aber anders als die im Märchen.“
„Wie interessant. Wie bin ich denn?“
Während ich gespannt auf deine Antwort wartete, überlegtest du etwas zögerlich: „Na, so langweilig normal!“
Nur ein klein wenig irritiert, aber trotzdem „ganz Dame“, lächelte die Prinzessin Ina Gabriel und mir zu: „Ein ungewöhnliches Kind!“
Dann kam der Hausherr in die Runde. Du behieltest deine Befragung bei: „Herr von Rheden, gibt es in Ihrem Schloss auch Ritterrüstungen, eine Folterkammer und noch anderes Interessantes?“
Mir wurde ganz heiß bei dieser Befragung. Was würde dir noch einfallen?
Ganz offensichtlich gab es aber nichts dergleichen, denn der Hausherr schloss lediglich eine der vielen Glasvitrinen auf, um euch seine Münzsammlung zu zeigen. Nichts für dich, wusste ich sofort.
Du hörtest auch schweigend die Erläuterungen an, denn anzufassen gab es nichts. Schließlich erlaubtest du dir die naseweise Bemerkung: „Da haben wir aber viel gelernt!“
Dich interessierte dann noch etwas: „Wird hier gerade geputzt?“

„Wie kommst du darauf?“

„Es zieht, als ob überall Türen und Fenster aufstehen!“

Wundern und Staunen! Im Raum nebenan war nämlich ein großes Stück Wand herausgebrochen und die Öffnung nur notdürftig mit einer Folie zugehängt. Es war in der Tat zugig und äußerst ungemütlich, eben wie beim Hausputz.

Vati hörte später voller Vergnügen unseren Bericht an.

Auf Frau Gabriels Empfehlung nahmst du an einem Meisterkurs im Fach Geige bei einem bekannten Musikprofessor in Heiligenhaus bei Essen teil.

Das war während deiner ersten Jahre am Andreanum. Susana, ein junges Mädchen aus unserem Bekanntenkreis, begleitete dich nach Essen, um dich zu umsorgen und sich um dein leibliches Wohl zu kümmern.

Der Professor nahm seine Meisterschüler hart ran, so dass ihr in der knappen Freizeit oft bei kurzen Stadtgängen Entspannung suchtet, wo ihr dann leckere Süßigkeiten konsumiertet. Neben Susana gehörte auch Henriette Scheytt aus dem Meisterkurs eurem „Schlemmerklub“ an.

Der Professor erkannte deine Begabung schnell und bot dir an, dich in seine Meisterklasse aufzunehmen.

Leider fehlten uns die finanziellen Möglichkeiten, um das großartige Angebot des Professors anzunehmen, und außerdem erkannten wir einfach „die Gunst der Stunde“ nicht.

Als wir einige Fragen rein praktischer Art stellten, stießen wir bei ihm auf totales Desinteresse. Studieren, wie, wann und mit welchem Aufwand? Wie sollten wir das bewerkstelligen, du warst doch noch Schüler? Unbedarft, aber doch voller Vertrauen fragten wir ihn.

Ich sehe noch den verständnislosen Blick des Professors. Das seien nun wirklich nicht seine Probleme, ließ er uns wissen. Deine bisherigen Lehrer hatten so etwas durchaus mit bedacht.

Auch wir wollten kein Problem daraus machen! Zugunsten eines soliden Kirchenmusikstudiums haben wir wohl deine ganz große Künstlerlaufbahn boykottiert und verhindert.

Zwei Jahre später reizte euch eine erneute Teilnahme an dem Meisterkurs des gleichen Professors. Ina Gabriel erhoffte für sich selbst einige Lehrstunden und begleitete dich.

Vati und ich hielten uns inzwischen weitgehend aus dem Planen und Organisieren musikalischer Aktivitäten heraus. Unsere Beteiligung erschöpfte sich in der Entscheidung, dieses oder jenes zahlen zu können oder zu wollen. Wir vertrauten Ina Gabriel voll und ganz und sonnten uns später nur viel zu gern und selbstverständlich in euren geglückten Unternehmungen.

Bei dem Meisterkurs glückte aber leider gar nichts! Nach Aussagen des Professors wart ihr beide, Lehrerin und Schüler, abgrundtief schlecht!

Vati und ich hatten sicher das richtige Gefühl, als wir feststellten, dass es da wohl um die späte Rache des gekränkten Professors ging. Das großzügige Angebot, dich als Schüler zu nehmen, schlägt man nicht ungestraft in den Wind.

Mit dieser vernichtenden Beurteilung eines großen aber auch eitlen Mannes gelang es uns bald, euch beide wieder aufzubauen.

Übrigens, wie das Leben so spielt, hast du Jahre später das Mädchen aus dem ersten Meisterkurs wieder getroffen. Henriette Scheytt war inzwischen eine international bekannte Geigerin geworden. Begeistert über das Wiedersehen habt ihr euch in der St. Urbani-Kirche in Munster zu einem Konzert zusammengefunden. Dazu brachte Henriette Scheytt ihre drei Schwestern mit, die ebenfalls Musikerinnen sind.

Von diesem Barock-Konzert am 7. September 2007 gibt es einen CD-Livemitschnitt unter dem Titel

Barock-Konzert
„Buxtehude feiert seinen 40. Geburtstag!“

Niemand kann wissen, wie deine Karriere ausgesehen hätte, wenn du – wie Henriette Scheytt – die Meisterklasse besucht hättest. Manchmal mache ich mir doch Gedanken, ob unsere damalige Entscheidung richtig war.

Dennoch wurde damals, unbeabsichtigt, eine neue Phase in deiner musikalischen Fortbildung eingeläutet. So wertvoll eure Zusammenarbeit bisher war, wollte Ina dich in, wie sie sagte, berufenere Hände abgeben.

Frau Vera Nodel wurde deine neue Geigenlehrerin. Ihr Mann, Roman Nodel, schaute deinem Unterricht oft beratend zu. Er war zu der Zeit Konzertmeister im Opernhausorchester in Hannover. Das Ehepaar Vera und Roman Nodel holte aus dir heraus, was neben Schule und anderen Verpflichtungen möglich war. Ina stand weiter hinter dir und arbeitete dir beim Aufspielen deiner Übungsstücke zu, denn damals kamen wir noch nicht so ohne Weiteres an Notenmaterial in Blindenschrift heran. Du hattest es wirklich gut, und wir waren für alle deine Lehrer, die es fast ausnahmslos verstanden, mit dir optimal zu arbeiten, von Herzen dankbar.

Die ganze Familie Nodel, dazu gehörten auch die beiden Kinder Daniel und Olga, hatten sich buchstäblich der Musik verschrieben. In dieser Künstlerfamilie warst du bald wie zu Hause, gehörtest einfach dazu. Das wirkte sich natürlich auch auf deine Fortbildung aus. Uns wurde bald klar, dass du nie das Niveau der Nodel-Kinder erreichen würdest (sie waren auch um einige Jahre älter), aber mit ihnen musizieren zu dürfen und überhaupt, von ihnen so herzlich angenommen zu werden, war wieder mal ein Geschenk!

Alle Nodels waren beeindruckt von deinen schulischen Leistungen, die du trotz deiner Blindheit und neben all deinen musikalischen Ambitionen brachtest. Bei ihren eigenen Kindern klappte das nicht immer so selbstverständlich.

Frau Nodel hat des Öfteren auch mit ihren Kindern und dir außerhalb musiziert. Der Höhepunkt aber war (wieder mal!) ein internationaler Meisterkurs für dich in Rottach Egern. Das Ehepaar Nodel gehörte zu den Dozenten, und da du fast zur Familie zähltest, betreuten sie dich gleich mit. Dazu gehörte Essen, Trinken, Schlafen, Üben, Spielen usw.

Nebenbei lief ein Wettbewerb für Geige, an dem die Nodel-Kinder teilnahmen und erste Plätze belegten. Nach Aussagen von Frau Nodel hast du in diesen zwei Wochen extrem viel dazugelernt.

In der Vorbereitung auf diesen Kurs wurde darum gebeten, jeder Teilnehmer möge die Nationalflagge seines Landes mitbringen. Daraus ergaben sich für uns einige Probleme, weil wir nie daran gedacht hatten, eine Fahne aus Taiwan mitzunehmen. Während ich mit den diversen Vorbereitungen für deine Reise beschäftigt war, sagte Vati entschlossen: „Der Junge bekommt seine chinesische Fahne und wenn wir extra eine nähen müssen!“

Über die Botschaft in Bonn erreichte er nichts, und eine aus Taiwan schicken zu lassen, hätte viel zu lange gedauert. Da wurde seine so dahergesagte „Drohung“ wahr, indem er eine Fahnenfabrik ausfindig machte, die die Taiwanflagge anfertigte. Voller Stolz gingst du damit auf Reisen, und wir waren mal wieder gerührt. Vati sagte mit einem Seufzer: „Nun wird unser Sohn sein Geburtsland China repräsentieren, schon ein merkwürdiges Gefühl!“

Dann hatte euch der Alltag in Hannover wieder. Ina Gabriel half weiter beim Aufspielen von Übungstücken, denn es war noch immer schwierig, Notenmaterial in Blindenschrift zu bekommen – wenn überhaupt, dann oft nicht zum gewünschten Zeitpunkt.

Das Andreanum mit seinen Anforderungen an dich gab es ja auch immer noch. Dass du inzwischen auch noch Cembalostunden nahmst, mittlerweile die dritte Geige in immer besserer Qualität bekommen hattest, sei nur nebenbei erwähnt. Du warst und bliebst uns lieb und teuer!

Außerdem spieltest du nicht nur im Schulorchester, sondern auch noch im Musikschulorchester, dessen Konzertmeister du wurdest. Zeitweilig nahmst du auch an einigen Konzertreisen teil, wie zum Beispiel nach Hildesheims Partnerstadt Angoulême in Frankreich. Es sah mitunter etwas abenteuerlich aus, wenn du dich mit Rucksack und Geigenkasten auf den Weg machtest.

Wenn uns Leute bedauerten, weil wir ihrer Meinung nach mit dir ein so ein schweres Los auf uns genommen hatten, dann fragte Vati schon mal unbewegt zurück: „Wie schwer?“

„Na, mit der Behinderung und so!“

„Ach, das haben wir noch nie bemerkt!“, antwortete er dann. Mit dieser Erwiderung konnten sie so recht nichts anfangen, und sie ließen uns in Frieden.

Du warst zu keiner Zeit eine Belastung für uns, denn du fühltest dich selber mitverantwortlich. Üben, Lernen, Studieren lag ganz allein bei dir. Stress und hohe Anforderungen haben wir aber gemeinsam durchgestanden. Herausforderungen können sogar Spaß machen, merkten wir.

Dann lernten wir Herrn Gerhard Jonasch kennen, einen pensionierten, blinden Kirchenmusiker aus Berlin, der in Hannover wohnte.

Wieder ein Geschenk!

Natürlich in erster Linie für dich. Ihr mochtet euch, und das war schon immer die beste Grundlage für ein gutes Arbeiten. Zielstrebig bereitete er dich auf ein späteres Kirchenmusikstudium vor. Endlich lerntest du bei guter Unterweisung die Blindenschriftnoten, Harmonielehre und bekamst erste Stunden an der Orgel. Wir hätten noch eine dritte Wohnung in Hannover nehmen können (nach den beiden in Woltershausen und Hildesheim), so oft waren wir jetzt dort: Geigenunterricht, Cembalo und Orgel.

Reisefertig nach Angoulême – 1984
Die Geige ist immer dabei!
Am Rucksackgestell ein lustig verkleideter Notenständer.

Aber nicht genug mit Bildung und Fortbildung in Hannover. Jetzt musste endlich der regelmäßige Orgelunterricht in Hildesheim dazukommen. Kam er auch – beim Kantor der St. Andreasgemeinde. Jemand hatte ihn überredet, dich als Schüler zu nehmen. Er war nicht überzeugt davon, dass du später einmal eine Musikhochschule besuchen könntest, um dann tatsächlich eine Kantorenstelle zu bekleiden.

Wenn ich mich richtig erinnere, war er ein sehr guter Lehrer. Seine Forderungen an dich waren allerdings immer etwas „gebremst". Er glaubte nicht, dass aus dir ein vollwertiger Kirchenmusiker werden würde. Deine Blindheit bereitete ihm Schwierigkeiten. Die Basis, die Herr Jonasch bei dir gelegt hatte, war dafür umso tragender und hilfreicher.

Vielleicht sollte doch einmal ganz leise erwähnt werden, dass du die Schule beinahe nebenbei bewältigtest. Dein Fleiß und Durchhaltevermögen war schon erstaunlich. Wir versuchten, dich mit verlässlichem Zuarbeiten zu unterstützen. Vati übernahm den Löwenanteil bei der Stoffvorbereitung, besprach Tonbänder, las dir vor oder rekapitulierte mit dir die Unterrichtsstunden.

Ich kämpfte derweil gegen Ungerechtigkeiten – manchmal sogar gegen Unverschämtheiten –, die von außen an Schul- oder Klassenleitung herangetragen wurden. Es gab auch richtige Ungezogenheiten von Mitschülern. Eine hat uns besonders getroffen. Im Umkleiderum der Sporthalle nahmen sie deine Sachen vom gewohnten Platz weg, und während du danach suchtest, schoben sie sie an einen immer neuen Platz. Sie machten dich zum Deppen! Als du ihr Kichern hörtest, drehtest du den Spieß um und sagtest: „Dann gehe ich heute mal in Unterwäsche zum Unterricht!"

Damit hatten die Jungen nicht gerechnet und schoben dir deine Sachen hin. Vati sagte dazu nur: „In einem Jahr haben dieselben Kameraden andere Probleme."

Wie immer hatte er recht. Da aber auch noch andere Unsicherheiten auftraten, baten wir bei Dr. Appelhans um „Schützenhilfe“. Er leitete eine Oberschule in Hamburg, in der bereits blinde Schüler integriert waren, unter anderen auch seine eigene blinde Tochter.
Die Integration war also wirklich im Kommen, nur gehörten wir immer noch zu den Vorreitern. Es fehlte einfach an der nötigen Akzeptanz. Ein Grund war vielleicht auch, dass umfassende Lehr- und Lernhilfen fehlten.
Dr. Appelhans referierte und diskutierte einen Vormittag lang vor und mit dem Kollegium des Andreanums. Er stellte sich den Zweiflern und machte den Willigen Mut.
Auch du bekamst einen Rat von ihm. Du solltest überdenken, wie du deine außerschulischen Verpflichtungen drosseln oder kürzen könntest.
Deine Gegenargumente waren jedoch nicht zu widerlegen. Schließlich lebte jeder deiner Klassenkameraden doch auch mit Freizeitterminen. Sie hatten Sport, Vereinsleben, Discobesuche und anderes auf dem Plan. Warum solltest du nicht ebenso deine musikalischen Ambitionen pflegen dürfen – nur, weil du blind warst? Für dich bedeutete Musizieren, ganz gleich welcher Art, kein Verzetteln, sondern Entspannung und Bereicherung. Das wirkte sich wiederum positiv auf deine Leistungen aus. Dein Notendurchschnitt lag bei „zwei“!
Nach dieser Beweisführung kam nur noch ein schwaches „aber“ von Dr. Appelhans. Trotzdem verstanden wir seinen leisen Wink, deine außerschulischen Aktivitäten für andere nicht so transparent zu machen, sondern, nach Außen, die Prioritäten auf die Schule zu verlegen. Das praktizierten wir künftig.
Allerdings probten doch tatsächlich die Mütter deiner Klassenkameraden noch einen Aufstand. Sie forderten, dich in eine der Parallelklassen zu versetzen, damit ihre Kinder nicht deinetwegen am schnelleren Lernen gehindert würden. Ein wirklich lächerli-

cher Grund. Sie glaubten schlichtweg nicht, dass deine guten Zensuren deinen tatsächlichen Leistungen entsprachen.
Dein damaliger Klassenlehrer war mindestens so empört wie wir. Er beruhigte aber die Gemüter schließlich geschickt und erfolgreich. Auch Vati fand einen versöhnlichen Ton: „Die wollen für ihre Kinder, genau wie wir, nur das Beste!"
Ein Studienrat fasste es mit knappen Worten zusammen: „Dumme Arroganz! Irgendwann in naher Zukunft entwachsen ihnen ihre Kinder ja doch."
Und mit zunehmender Reife hatten die Kinder den Ehrgeiz ihrer Mütter auch nicht mehr nötig.
Ein beiläufiges Gespräch mit einem deiner Mitschüler tat noch ein Übriges. „Wissen Sie, wir kommen mit Daniel nicht so gut zurecht, weil er eine andere Sprache spricht. Nicht etwa Chinesisch! Nein, er drückt sich so gewählt aus! Wetten, der kennt kaum ein Schlagwort!"
Das war tatsächlich des Pudels Kern. Dein Umgangston war mehr von Erwachsenen geprägt, und deine Interessen lagen ganz woanders als bei den meisten Gleichaltrigen.
Mit wenig Interesse hörtest du dir manchmal wichtige Fußballspiele an, nur damit du am nächsten Morgen in der Schule mitreden konntest. Aber da war dann deine unmaßgebliche Meinung schon wieder nicht mehr gefragt. Das Zueinanderfinden war also von beiden Seiten nicht einfach.
Nur die Mädchen aus der Klasse hatten keine Probleme mit dir. Sie nutzten dein Zimmer viel zu gern zum Ausruhen, Teetrinken oder „Quatschen". Ebenso gern nahmen sie dich mit in die Stadt zu einer „schnellen Pizza". Das angemietete Zimmer war für uns eine große Erleichterung. Wenn nötig, konntest du dort sogar übernachten oder dir auch mal eine Suppe zubereiten. Wir hatten dich mit einer Kochplatte, etlichen Tütensuppen und diversen Tees und einem Wasserkocher ausgestattet. An den verschiedenen

Namensbechern, die sich bald auf dem Regal drängelten, merkten wir, dass wir da wohl so eine Art Kommunikationsort geschaffen hatten. Zwar seufzte ich: „So viele Mädchen!“, aber Vati beruhigte mich mit dem logischen Hinweis: „Besser als nur ein einziges!“ Wieder einmal hatte er recht!
Recht hatte er auch mit seiner Vorhersage, dass mögliche aggressive Entgleisungen einiger Schüler gegen dich bald von ihren eigenen, wichtigeren Interessen abgelöst würden. Vom elften Jahrgang an gab es keinen Klassenverband mehr. Damit veränderten sich eure Arbeitsweise und die gegenseitige Beachtung. Alle wurden erwachsener.
Allerdings mussten Vati und ich einen uns unverständlichen Entschluss des Schulleiters abwehren, der uns wissen ließ, er werde dich mit Abschluss der 10. Klasse an die Marburger Blindenschule empfehlen.

1987 – Daniel, der Mädchenschwarm?

Seine Begründung war nicht nachvollziehbar und so lahm, dass sogar Vati einen scharfen Ton anschlug: „Warum?“
Mehr hatten wir nicht zu fragen. Du solltest nach Marburg wechseln, um – deinen Fähigkeiten entsprechend – ein gutes Abitur zu machen. Es könne sein, dass du den Anforderungen auf dem Andreanum in der letzten Phase vor dem Abitur nicht mehr gewachsen wärst. Deine Leistungen könnten unter Umständen so schwächeln, dass du zu einem schlechten Abschluss kommen würdest. Er fürchtete, dass wir Eltern dann die Schule dafür verantwortlich machen würden!
Voller Würde, wenn auch mühsam beherrscht, sagte Vati: „Wenn unser Sohn an seine Grenzen stößt, werden wir sie akzeptieren. Wenn unser Sohn durch das Abitur fällt, akzeptieren wir das ebenfalls. Dass Sie sich aber, als Schulleiter, vor Ihrer Verantwortung drücken wollen, indem Sie ihn fortempfehlen, werden wir nicht akzeptieren!“ Dann verließen wir hoch erhobenen Hauptes den Raum.
Natürlich hinterließ dieses Gespräch Spuren. Wir mussten die Initiative ergreifen und die Hindernisse beseitigen, die sich plötzlich auftürmten. Wie sollten dir die Prüfungsaufgaben vermittelt werden? Was wäre, wenn du nicht in der vorgegebenen Zeit mit deiner Arbeit fertig würdest oder wenn deine Arbeit nicht zensiert werden könnte, weil du sie in Blindenschrift schreiben musstest?
Aus jeder Frage klang Hilflosigkeit!
Wir machten dann den Schritt auf die Blindenschule zu, appellierten an ihre Mitverantwortung. Oh, Wunder, sie waren tatsächlich bereit, die Prüfungsaufgaben in die Blindenschrift zu übertragen, ebenso deine Arbeiten aus der Blindenschrift. Wir hatten allerdings das Gefühl, dass man frohlockte, weil es ohne ihre Mithilfe nicht klappen konnte.
Aber auch das Kultusministerium hatte klare Forderungen an die Blindenschule gestellt, wie das Andreanum bei dem Integrations-

schüler zu unterstützen sei. Das genügte dann auch, und so wurden dir Zeitzugaben zugebilligt, sowie das zeitweilige Arbeiten unter Aufsicht in einem Extraraum. Letzteres wurde besonders für den Einsatz des Computers nötig.

Jetzt galt es, unseren Antrag auf einen Computer mit Sprachausgabe zu forcieren. Den hatten wir schon vor geraumer Zeit beim Sozialamt Alfeld gestellt.

Auf unsere Nachfrage erhielten wir eine beamtenunwürdige schnoddrige Antwort: „Wir arbeiten ja nicht nur für Daniel Heinrich!"

Fast wäre ich zur bösen Fee geworden und hätte dem Sachbearbeiter alle möglichen Widerwärtigkeiten an den Hals gewünscht. Schließlich musste dieser dann sehr kleinlaut gestehen, dass der Antrag irgendwie nicht aufzufinden sei und wir besser einen neuen stellen sollten. Er würde uns ein neues Formular zuschicken.

„Nicht nötig! Ich hole es ab!", war Vatis Reaktion.

Ich weiß nicht, mit welchen Gedanken er dann nach Alfeld zum Sozialamt und dem zuständigen Sachbearbeiter fuhr, jedenfalls schickte er sich an, das Formular gleich am Schreibtisch des jungen Beamten auszufüllen.

„Sie können den Antrag mitnehmen und zu Hause ausfüllen!", kam ein höflicher Hinweis. Darauf, mit bebender Stimme, die ebenso höfliche Antwort: „Ach was! Das mache ich gleich hier!"

Immer noch höflich, aber doch schon etwas energischer, der junge Amtsinhaber: „Ich brauche meinen Schreibtisch selbst!"

Vati unwirsch: „Jetzt brauche ich ihn!"

Nach kurzer Zeit bat er um Stempel und Unterschrift, aber: „Das muss ich erst meinem Chef vorlegen!"

„Wo sitzt der? Ich gehe gleich selbst zu ihm."

Der verunsicherte Sachbearbeiter machte noch einen kleinen Versuch, das Formular wieder in die Hände zu bekommen: „Ich erledige das sofort und es geht gleich morgen mit der Post raus!“
„Nein, ich gehe jetzt zu Ihrem Chef und nehme den Antrag persönlich mit, um ihn gleich morgen früh nach Hildesheim zum Landessozialamt zu bringen!“
„Eigentlich …“
„Da gibt es kein eigentlich! Sie nehmen jetzt Ihren Stempel von Ihrem Schreibtisch und drücken ihn auf diesen Antrag und setzen noch außerdem Ihre Unterschrift darunter! Wir brauchen nämlich Ihren Chef gar nicht, es sei denn, ich wollte mich bei ihm beschweren!“
Das war es! Leichten Herzens zog Vati mit seinem schwer erkämpften Dokument ab und transportierte es auf sicherem Weg in die Hauptstelle nach Hildesheim.
Schon eine Woche nach diesem Scharmützel meldete sich der vom Landessozialamt beauftragte Gutachter bei uns. Er hatte sich zu überzeugen, dass du tatsächlich schon jetzt einen Computer brauchtest. Der wurde sonst grundsätzlich erst zur Arbeitsplatzeinrichtung gewährt. Und es war auch zu klären, ob du überhaupt fähig warst, einen Computer „zu bedienen“.
Weißt du noch, wie wir auf den Herrn warteten und wie wir *dir* die Verantwortung für die Bewilligung übertrugen? Du musstest Vatis Vorarbeit nun überzeugend vollenden. Das gelang dir offenbar auch. Als ihr nach einer Stunde wieder zu uns kamt, warst du hoch befriedigt und der Herr tief beeindruckt. Mit Stempel und Unterschrift besiegelte er die Notwendigkeit eines Computers und kommentierte noch: „Es ist das letzte Geld, das ich für dieses Jahr bewilligen kann. Ich war aber selten so sicher wie heute, dass es gut angelegt ist!“
Als wir allein waren, sagte Vati nur gelassen: „Das haben wir gut gemacht!“

Ich fiel ihm um den Hals und war unendlich froh, dass wir so unterschiedliche Temperamente hatten, mit denen wir unsere Kämpfe ausfochten. Und auch du hattest hier deinen Teil beigetragen. Nicht gekämpft, wohl aber überzeugt.

Bis du den Computer hattest, verging noch einige Zeit, denn du bekamst eine fachliche Anleitung mit vielen Übungsstunden. Dann tauchte die schwerwiegende Frage auf, wo installieren wir das Gerät, es war nicht transportabel.

Da bekamen wir neben deinem angemieteten Zimmer ein zweites für den Computer. Fortan warst du nur noch wenig zu Hause, und ich versuchte zu begreifen, dass du tatsächlich spielend alle Möglichkeiten deines Computers ausloten musstest. Bis zum schriftlichen Abi war nicht mehr viel Zeit.

Das hast du dann ganz souverän gemeistert. Die Aufsichtslehrer, die du brauchtest, weil du isoliert in deinem Raum arbeitetest, ließen sich interessiert den blindentechnisch besonders ausgestatteten Computer erklären.

Du hast dich bei den schriftlichen wie bei den mündlichen Prüfungen wacker geschlagen. Ja, du hast sogar die Kommission vom Kultusministerium in Erstaunen versetzt, und das brachte dir eine Extrabelobigung ein.

Damit war ein großer Meilenstein in deinem jungen Leben geschafft. Du hattest, nun auch in den Augen vieler Lehrer, eine enorme Leistung vollbracht.

Wir wussten sehr wohl, was das erreichte Abitur von dir gefordert hatte, und darauf waren wir nicht nur stolz, sondern auch unendlich erleichtert. Uns waren doch in all den Jahren immer wieder Zweifel gekommen, ob wir am Anfang deiner Schulzeit die richtige Entscheidung getroffen hatten. Umso mehr, als wir alle den enormen Aufwand, den die Integration fordern würde, nicht hatten ermessen können. Du hattest zwar „Ja“ dazu gesagt, aber als

Zehnjähriger konntest du natürlich die sich daraus ergebenden Konsequenzen noch weniger voraussehen als wir Eltern.
Diese Gedanken gingen mir durch den Kopf, als ich am Morgen des Schulabschlussgottesdienstes die Michaeliskirche in Hildesheim betrat. Ich saß allein in der Kirchenbank, ohne die vielen Kinder, die längst aus den gemeinsamen Kirchgängen herausgewachsen waren, aber auch ohne meinen lieben Mann, deinen Vater, der als Gemeindepastor seinen Platz in der Kirche selten einmal an meiner Seite hatte und heute die Predigt halten sollte. An diesem denkwürdigen Tag hätte ich ihn schon gerne neben mir sitzen gehabt, um seine Hand zu nehmen und mit ihm gemeinsam die andächtige Stille zu erleben, weil ...
Da setzte, wie mit einem Paukenschlag, die Orgel ein, erschreckte mich zutiefst, ließ mich aber auch gleich schmunzeln, weil ich ja *dich* hinter dem mächtigen Auftakt erkannte. *Dein* Spiel, der feierliche Augenblick mit der Bach-Toccata in d-Moll, nahm mich gefangen. „Das ist Daniel da auf der Orgelbank, unser Sohn Daniel!“, ging es wieder und wieder durch meine Gedanken.
Die Intensität, die Freude, mit der du uns, den Zuhörern im großen Kirchenschiff, die Musik vermitteltest, spürten wohl alle. Vati und ich meinten später, deine Erleichterung und Dankbarkeit für den eben beendeten Lebensabschnitt herausgespürt zu haben. Wir teilten das Gefühl von ganzem Herzen mit dir.
Dann hörten wir Vatis Predigt, du auf der Orgelbank, ich in der Kirchenbank. Und ich fühlte mich mit euch beiden so innig verbunden. Ein erhebender Augenblick! Er trug mich durch den gesamten Gottesdienst. Es berührte mich, wie Vati seine Predigt für diesen besonderen Gottesdienst auslegte, wie er mit seinen Worten Zugang suchte – nicht nur zu dir, sondern zu allen jungen Menschen, den Abiturienten deines Jahrgangs, die zusammen mit ihren Eltern im Kirchenraum saßen. Ich dankte Gott, für diese Stunde, für seine Gnade, für seinen Segen!

Musik bestimmt dein Leben

Wenn wir aber nur einen Augenblick daran gedacht hatten, mit diesem Meilenstein sei das meiste geschafft, hatten wir uns eine Menge Sand in die Augen gestreut.

Trotzdem nahmen wir die nächste Hürde, dein Musikstudium, mit viel Elan in Angriff. Bei dem Besuch in der Musikhochschule in Herford und den Gesprächen war aber wieder Überzeugungsarbeit angesagt. Nicht etwa deine musikalischen Vor- und Grundkenntnisse waren der Schwerpunkt sorgenvollen Nachdenkens, sondern deine Behinderung. Im relativ kleinen Internat (12 Plätze) wollte man dir schon hilfsbereit zur Seite stehen, aber die lange Gartentreppe vom Wohnhaus runter zum Schulgebäude – wie würdest du die unbeschadet bewältigen?

Während Vati und ich längst gelernt hatten, bei solchen ausgesprochen hilflosen Gedankengängen zwar Vertrauen erweckend aber doch vorsichtig taktvoll zu antworten, um die Frager nicht vor den Kopf zu stoßen, warst du zu jung, unerfahren und sorglos, um die gleiche Rücksicht zu nehmen. Du sagtest keck: „Ich gehe die Treppen rauf und runter genau wie Sie. Dass ich das kann, dafür haben meine Eltern, die ganze Familie überhaupt und meine bisherigen Lehrer gesorgt!"

Wie schon erwähnt, wir hätten da etwas vorsichtiger und zurückhaltender reagiert. Aber recht hattest du – ohne Frage!

Dennoch hielten wir die Luft an. Wovon hing nun wohl deine Zulassung zum Studium ab? Ganz allein von dir! Wie *du* warst, was *du* konntest und wie *du* mit den Schwierigkeiten des Alltags zurechtkommen würdest!

Stunden intensivster Befragungen und Diskussionen endeten schließlich mit der Zusage des Studienplatzes im Herbst 1989. Natürlich unter der Voraussetzung, du würdest die vorausgehende Aufnahmeprüfung schaffen.

Nun blieb dir fast ein halbes Jahr zum Vorbereiten der gewünschten Qualifikationen. Das nutztest du in gewohnter Gründlichkeit und fandest im Haus der Kirchenmusik in Hannover einen Platz im Wohnheim und viele gleich gesinnte Musikstudenten aus aller Welt. Sie bereiteten sich auf Prüfungen vor oder hatten schon einen Studienplatz an der Hochschule. Hier begann nun auch dein Studentenleben. Für uns hieß das, dich in dem Haus einzurichten. Vati kämpfte mit Drähten, Leitungen und Probeläufen deines Computers am neuen Platz, ich sorgte für hauswirtschaftliche „Installationen". Dazu gehörte zur Freude deiner Mitbewohner eine Mikrowelle.

Ein bisschen Wehmut befiel uns Eltern. Unser Jüngster verließ den Schoß der Familie. Und manches, was bisher zu unseren Aufgaben gehört hatte, übernahmen wie selbstverständlich deine Kommilitonen im Wohnheim. Doch war dir bald das Herz von all dem Neuen so voll, dass du gern mal eben nach Hause kamst. So blieb uns immer noch das Holen und Bringen vom und zum Bahnhof, und der jeweilige Fahrer hatte dann auf der Fahrt schon einen Blick in deine „neue Welt" getan.

Als deine Vorbereitungszeit in Hannover zu Ende ging, rüsteten wir für Herford. Computer und Mikrowelle wurden zum Transport im Auto verpackt, in Herford aber noch nicht ausgepackt, da ja erst die Aufnahmeprüfung geschafft werden musste. Unruhig schaute ich mir mit Vati die Stadt und die Umgebung an und wartete auf das Ende der Prüfung.

Wir standen gerade oben an der langen Gartentreppe, als wir dich leichtfüßig heraufkommen sahen.

„Wird wohl klappen!", sagtest du und verschwandest im Büro, wo du das Ergebnis erfahren solltest.

Trotz meiner Anspannung musste ich über deine knappen Worte schmunzeln. Du hattest schon viel von Vati übernommen „Nur keine Aufregung!"

Warum auch? Du kamst als frisch ernannter Student aus dem Büro zurück. Und ebenso leichtfüßig wie du eilten wir nun treppauf und -ab und leerten unser Auto. Vorsichtshalber hatten wir ja schon alles mitgebracht.

Die übrigen Studenten freuten sich am meisten über den Zuwachs in der Küche. Eine Mikrowelle! Welch ein Komfort! Einige halfen beim Anschließen des Computers, während ich mich um den restlichen „Haushalt" kümmerte.

Plötzlich überkam mich doch tatsächlich der Trennungsschmerz und die durchgestandene Spannung mit solcher Heftigkeit, dass ich erst einmal eine Runde in dem schönen Park drehte, um meine Fassung wiederzufinden. Nun warst du noch weiter weg und noch mehr allein für dich verantwortlich.

Wie sollte das bloß gehen?

„Es wird gehen wie in Hannover", tröstete Vati. „Der Junge bringt dir die schmutzige Wäsche und erzählt uns von seinem neuen Leben!"

Es wurde eigentlich viel schöner. Zwischen dir und Vati begann eine bereichernde Zeit. Ihr wart nun in gewisser Weise vom gleichen Fach und hattet viel zu debattieren, informieren und von Vaters Seite auch manchmal ein bisschen zu korrigieren, ja auch zu insistieren.

Vier prägende Jahre in Herford waren auch vier prägende durch Vatis Begleitung. Wie oft seid ihr gemeinsam zu Gottesdiensten gefahren, wenn du an den Wochenenden nach Hause kamst – er der Prediger, du der Organist. Den Predigttext vorher zu bedenken, war so kostbar, wie anschließend die Predigt zu reflektieren. Es war Lebenshilfe pur für dich und wertvolle Studienhilfe außerdem. Meine Mitarbeit erschöpfte sich in sinnvollen Fresspaketchen von zu Hause, Rezeptvorschlägen oder Kochberatung per Telefon, denn jeder von euch zehn Internatlern hatte mal Küchen- und Kochdienst. Du natürlich ebenfalls!

Die Fahrten per Zug – auch mit Umsteigen – machten dir keine Probleme. Auch das Zurechtfinden in der Stadt Herford nicht. Du bekamst wieder ein einführendes Mobilitätstraining und hattest bei Bedarf auch bereitwillige Kommilitonen zur Seite.

Nach Herford hattest du deine Geige als Wahlinstrument mitgenommen. Nach einer bestimmten Studienzeit musste damit eine Prüfung abgelegt werden. Das war in der Regel mit einem etwa zwanzig Minuten dauernden Vorspiel erledigt.

Du aber wolltest einen „würdigen Ausklang“ haben und machtest den Vorschlag, die Prüfung als abendfüllendes Konzert abzulegen. Deine Beharrlichkeit hattest du schon des Öfteren unter Beweis gestellt und so gab man deinen Wünschen unter der Bedingung, nach, dass die gesamte Organisation bei dir lag: Zeit, Ort, Programm, Plakatierung, Einladungen und was sonst noch dazugehörte. Du wurdest aktiv und mobilisiertest Geiger aus dem Jugendsymphonieorchester, in dem du auch einige Jahre mitgespielt hattest. Ihr bereitetet Brahmssonaten und das Mendelssohn-Oktett vor.

Vati hatte ebenfalls eine tolle Idee und meinte: „Zu einem Konzert gehört doch auch Publikum. Wie wäre es, wenn wir mit ein paar Freunden im Auto zu dem Abend nach Herford kämen?“

Es musste dann sogar ein Bus werden, weil so viele Marienhäger mitkommen wollten. Hattest du hier in ihrer Kirche doch auch schon Orgeldienste gemacht. Ich hatte mir die Erlaubnis geholt, in der Konzertpause einen kleinen Imbiss anbieten zu dürfen. Allerdings befürchtete das Kollegium, dass nun neue Maßstäbe gesetzt würden. Diese Sorgen kümmerten uns aber überhaupt nicht.

Es wurde ein gelungener Abend. Dein Wahlinstrument Geige hatte einen ungewöhnlich würdigen Ausklang bekommen. Dein und euer Spiel fand bewundernde Beachtung. In einem Staatsexamen-Abschlusszeugnis gab es dafür üblicherweise keine Note, wohl aber in deinem speziellen Fall eine lobende Anerkennung. Du hattest nämlich über den musikalischen Aspekt hinaus, und von der Schule nicht gefordert, dein Organisationstalent bewiesen. Das sollte später noch von großer Wichtigkeit sein.

Du reistest inzwischen mit und ohne Begleitung durch die Lande. In Gesellschaft allerdings – wie mit deiner Studienbekanntschaft Regina – machte es natürlich weit mehr Spaß. Zu der Zeit bediente man sich gern eines „Interrailtickets". Mit dem konnte man in einem Zeitraum von vier Wochen, bis zu einem angegebenen Zielort und wieder zurück, beliebig viele Male unterbrechen.

Zusammen arbeiteten wir für die Semesterferien einen Besuchsplan aus. Über die Bundesrepublik verteilt gab es genügend Freunde und Verwandte, die ihr ansteuern konntet. Überall fandet ihr ein Bett und bekamt die Sehenswürdigkeiten der jeweiligen Stadt gezeigt. Danach konnte dann die Citytour-Besuchsreise fortgesetzt werden.

Wir, die Zurückgebliebenen, erhielten von den Freunden stets einen ausführlichen Bericht und waren damit – so ganz nebenbei – über euch Reiselustige immer gut informiert.

Ihr nutztet das Ticket denn auch bis zum letzten Tag aus. Voller Spannung auf euren Reisebericht erwarteten wir euch abends zu der von eurem letzten Gastgeber mitgeteilten Ankunftszeit in Elze zurück.

Es war schon dunkel, aber noch nicht allzu spät, und Vati grummelte vor sich hin, als er sich bereit machte, euch abzuholen: „Warum kommen sie jetzt schon? Das Ticket ist doch noch bis Mitternacht gültig."

Es wurde dann auch Mitternacht, bevor wir euch wohlbehalten und erleichtert in die Arme schließen konnten. Davor gab es noch einige Aufregung.

Was nämlich auf der langen vierwöchigen Reise mit bemerkenswerter Präzision geklappt hatte, versagte nun: eure Aufmerksamkeit!
Da ihr zu wissen glaubtet, dass der Zug nach dem Stopp in Alfeld das nächste Mal in Elze halten würde, stiegt ihr eben auch gleich beim nächsten Halt aus. Leider hattet ihr übersehen, dass ihr für das letzte Stück eurer Reise einen „Bummelzug“ benutztet. Und der hielt fahrplanmäßig auf allen Bahnhöfen.
Da standet ihr nun im Dunklen auf einem unbekannten Bahnsteig, genauso ratlos wie Vati in Elze, wo ihr nicht aus dem Zug ausgestiegen wart.
Sein Anruf bei uns in Marienhagen brachte keine Erkenntnis in unsere Ratlosigkeit. Von euch keine Spur! Er kam zurück, und wir warteten unruhig auf ein Lebenszeichen.
Eine Stunde später kam dann endlich ein kleinlauter Anruf von dir:
„Könnt ihr uns abholen?“
„Von wo?“
„Wir stehen hier auf einem sehr dunklen, etwas unheimlichen Bahnhof in Banteln!“
„Ja, wieso denn das?“
Vati sauste los, um euch müde, frierende und ein bisschen beschämte Reisende von dem ungastlichen Ort wegzuholen. Mit einer tröstenden heißen Schokolade in der Hand hörten wir dann den noch fehlenden Teil eurer sonst so super abgelaufenen Städte-Besuchsreise.
Ihr wart einfach an der nächsten Station hinter Alfeld ausgestiegen, und das war Banteln. Immer im vorletzten Wagen, das war die Verabredung für die jeweiligen Abholer gewesen, wart ihr nun an diesem primitiven dunklen Ort mitten in der „Pampa“ ausgestiegen. Als ihr feststelltet, dass hier weder Elze noch Vati waren, war der Zug schon weitergefahren.
Was also tun? Ihr brauchtet ein Telefon! Handys kannte man noch nicht.

1990
Regina, Daniels Reisebegleitung

Ihr suchtet nach einem Haus, schlepptet euch vor dessen Haustür und klingeltet hoffnungsfroh.

Beileibe nicht sofort öffnete sich oben ein Fenster und ihr brachtet eure unbedachte Bitte vor: „Können Sie mal runterkommen?"

„Nein!"

„Ach bitte! Wir wissen nämlich nicht, wo wir hier sind."

Das stimmte, denn ihr hattet noch kein Ortsschild entdecken können.

„Das hier ist der Bantelner Bahnhof."

Da warst du schon mal erleichtert, weil es nicht allzu weit von Marienhagen entfernt war. Vati konnte schnell da sein, wenn er es erst einmal wüsste, dass …

Plötzlich kam wieder Logik in euer Denken: „Könnten Sie dann bitte für uns telefonieren! Dann brauchen Sie uns die Tür nicht zu öffnen!"

Du nanntest Namen und Telefonnummer und fügtest etwas schlitzohrig hinzu: „Vermutlich meldet sich mein Vater, Pastor Heinrich!"

Das verfehlte seine Wirkung tatsächlich nicht. Jetzt durftest du das Telefon benutzen, und man wollte euch sogar im Hausflur warten lassen, bis ihr abgeholt würdet. Das lehntet ihr aber, angesichts der späten Stunde, dankend ab.

Vati meinte nach eurem ausgiebigen Bericht, dass er euch so spät auch nicht ohne „gewisse Sicherheiten" die Tür geöffnet hätte. Mit den vollgepackten Rucksäcken, den daran baumelnden Schuhen und diversen anderen nicht erkennbaren Klamotten saht ihr nicht gerade wie Vertrauen erweckende, harmlose Reisende aus! Wer den Schaden hat, braucht für den Spott nicht zu sorgen.

Letzteres taten wir noch des Öfteren, wenn wir unseren Freunden vom Ende einer sonst so gelungenen Reise erzählten. Es fiel uns umso leichter, als sich gerade nach dem glücklichen Ende eures

Unternehmens wieder einmal unser schon häufig angewandter Spruch: „Ende gut, alles gut“, Gott sei Dank, bewahrheitet hatte.

Die Heimfahrten mit dem Zug während der Studienjahre machten dir nicht die geringsten Schwierigkeiten. Durch deine Kontaktfreude hattest du immer etwas Interessantes zu erzählen, wenn du nach Haue kamst. Ein negatives Erlebnis machte dich und uns aber noch lange unruhig.

Es war auf dem Weg nach Marienhagen, das heißt, die Bahnfahrt endete ja immer in Elze, von wo du jeweils von uns abgeholt werden musstest.

Es war eine der wenigen prekären Situationen in deinem bisherigen Leben, die dir einen lähmenden Schrecken einjagte. Und als du uns dann davon erzähltest, überlief uns eine Gänsehaut nach der anderen. Was hätte passieren können wenn, ja, wenn nicht wieder ein Schutzengel bei dir gewesen wäre.

Es war im Zug nach Hannover, und du warst, wie schon häufiger, allein im Abteil. Das störte dich nie, da du immer einen „Walkman“ bei dir hattest, der dich unterhalten konnte.

Da kamen mehrere junge Männer dazu. Sie lärmten laut, bewegten sich unruhig, rempelten dich an. Du machtest dich in deiner Ecke klein, sagtest nichts. Aber genau das brachte die Burschen auf die Palme. Sie pöbelten dich an, du schautest wortlos vor dich hin, sie wurden lauter, direkter.

„Bist wohl was Besseres als wir! Redest nicht mit jedem!“

In der Tat, die Angst verschloss dir den Mund!

„Schaut mal, wie der vor sich hinstiert!“

Du drehtest den Kopf zum Fenster, gewärtig, dass du womöglich gleich eine harte Faust zu spüren bekamst.

Böse schrie dich einer der Männer an: „Wenn du nicht mit uns reden willst, expediere ich dich nach draußen! Mit so einem wie dir wollen wir nicht zusammensitzen!“

Damit zog er demonstrativ das Fenster herunter. Es war kurz vor Hannover, du bereitetest dich aufs Umsteigen vor. Spannung lag jetzt in der Luft, du suchtest etwas.

Einer Eingebung folgend, sagtest du so ruhig wie möglich: „Ich steige jetzt eh aus. Könnte mir mal bitte einer von euch meinen weißen Stock suchen helfen. Er muss heruntergefallen sein."

Plötzliches Schweigen. Dann: „Du bist blind? Wie mein Opa! Der hatte auch einen weißen Stock!"

Deiner wurde dir in die Hand gedrückt, die Abteiltür für dich geöffnet, und einer von den Jungen schob dich beinahe sanft auf den Gang hinaus. Und es war kein Hohn, als sie dir hinterher riefen: „Machs gut!"

Hannover Hauptbahnhof! Nie zuvor warst du so erleichtert gewesen. Mit weichen Knien stiegst du aus und begannst erst durchzuatmen, als du im vollbesetzten anderen Zug nach Elze saßest und den verschiedenen harmlosen Unterhaltungen ohne Angst lauschen konntest. Die Anspannung wich ganz langsam aus deinen Gliedern.

Vati holte dich ab. Seine obligatorische Frage: „Wie war die Fahrt?", bekam plötzlich ein anderes Gewicht.

Du hattest nur ein gedehntes: „Jaa", dann noch: „Sie waren besoffen!"

„Wer? Wo?", wollte Vati wissen.

„Ich erzähl es euch später."

Dann krochst du in dich zusammen, bis ihr zu Hause angekommen wart. Erst viel später konntest du über das negative Erlebnis sprechen.

Fast könnte man sagen: Plötzlich stand das Staatsexamen an, so schnell war die Zeit vergangen. Wir standen am Prüfungstag oben in deinem Zimmer, bereit, dich in die Arme zu schließen, wie auch immer die Prüfung für dich ausgehen würde.

Nach spannungsreichen Stunden des Wartens kamen die Absolventen jeweils einzeln aus dem Prüfungsraum heraus, jeder mit hochrotem Kopf, einer Rose, aber auch mit dem Diplom in der Hand.

Eine nette Geste, diese Rose, freuten wir uns. Aber natürlich besonders über deinen bemerkenswert guten Abschluss mit der Note 1 - 2.

Doch keine Rose ohne Dornen! Deine hatte besonders spitze, schmerzende. Da gab es doch wirklich einige Dozenten, die nicht länger mit dir weiterarbeiten wollten als unbedingt nötig, und das hieß, nur bis zu diesem Abschlussexamen.

So wurden die Befürworter überstimmt, als es um das Weiterstudium zur A-Qualifikation ging. Einige Dozenten fühlten sich nicht in der Lage, dich durch den nächsten Studiengang zu bringen.

Mit ohnmächtiger Wut packten wir Computer, Mikrowelle und sonstigen Haushaltskram zusammen Ich sehe immer noch den Lehrkörper bei deiner Verabschiedung selbstzufrieden über dein tolles Abschlusszeugnis die Hände falten.

Weil auch du mit deinem Abschluss zufrieden warst, schien es einfach zu sein, dich stattdessen in der Musikhochschule Hannover zum A-Studium anzumelden.

Wieder gab es eine intensive Vorbereitung für die Aufnahmeprüfung mit freundlichen, bereiten Dozenten, die ihrer Bewunderung über deine Leistung und Begabung mehrfach Ausdruck verliehen.

Jetzt schien es uns auch an der Zeit, mit dir dein Geburtsland Taiwan zu besuchen. Sollten sie doch sehen, was aus der Hand voll „unwerten“ Lebens geworden war. Wir setzten uns mit unserer Freundin Sophia in Verbindung, die versprach, unseren Aufenthalt und einige Konzerte in der einen oder anderen Gemeinde zu organisieren. Mit zwei Freundinnen, die dich mit Geige, Flöte und Klavier auf den Konzerten begleiten würden, flogen wir los.

Postkartenmotiv aus Taipeh –
rechts die Konzerthalle, in der das Galakonzert stattfand

Die Reise in die Vergangenheit war für uns alle ein beeindruckendes Erlebnis. Nicht in unseren kühnsten Träumen hätten wir uns ausdenken können, was da auf uns zu kam. Sophia hatte ganze Arbeit geleistet. Es wurde ein Triumphzug für dich! China war stolz auf seinen Sohn, der im fernen Deutschland ein so berühmter Mann geworden war. Bereits am Flughafen und auch in der ganzen Stadt kündigten großformatige Plakate mit euren Fotos ein Konzert in der berühmtesten Konzerthalle Taiwans an. Jetzt wurde uns klar, warum wir vorher Bilder von euch schicken sollten.[15]

Abgeholt wurden wir von einer Staatskarosse, die die Gattin des Staatspräsidenten geschickt hatte. Eine Motorradeskorte begleitete

15 Über diese Reise berichtet Brunhilde Heinrich ausführlich in ihrem Buch „Sonntags sind es immer viele“, im Kapitel „Die rot-goldene Kordel“.

1993 in Taiwan vor dem Konzert

unseren Wagen, gefolgt von mehreren Sicherheitsfahrzeugen. Wir wurden als Staatsgäste im vornehmsten Hotel Taipehs untergebracht und vom staatlichen Musikdirektor empfangen und betreut. Ein ganzer Stab von Bodyguards war zu unserer Sicherheit abgestellt. Das war mitunter etwas unbequem, weil wir uns nicht so frei bewegen konnten, wie wir wollten.

Das Galakonzert fand vor dem Staatspräsidenten mit seiner Gattin, dem Oberbürgermeister und vielen anderen „hohen Persönlichkeiten“ statt. Es war einfach überwältigend!

So lerntest du nun endlich „dein“ China kennen. Ein Land voller Gegensätze, voller tief verankerter Traditionen, ein Land, geprägt von Göttern und Geisterglauben, in dem das soziale Netz des Zusammenlebens schon vor der Haustür einer jeden Großfamilie nicht mehr galt. Ein Land, dessen Sprache du nicht mehr sprechen und weder lesen noch schreiben konntest, in das du aber hineinge-

8. März 1993 – „Women´s Day“ in Taiwan

boren wurdest. Ein Land, von dem ich befürchtete, dass es dich, unseren Sohn, zurückhaben wollte. Für dich aber war es keine Frage, wo du hingehörtest. Dafür sprach ich in aller Stille ein Dankgebet! Es gab noch weitere musikalische Auftritte an anderen Orten. Wir trafen viele Freunde aus alter Zeit und sie freuten sich, dich nach so langer Zeit wieder zu sehen. Als wir Taiwan verließen, warst du dreieinhalb Jahre alt, als 25-Jähriger kehrtest du zurück. Doch nichts hätte dich auf Dauer in diesem Land gehalten.

Viel zu gern jedoch hättest du „Swiu-Hoe“ (Schöne Blume) mit nach Deutschland genommen. Sie hatte dich bei einigen deiner Konzerte in Taipei und Taichung auf dem Flügel begleitet. Nicht nur ihr charmantes wienerisches Deutsch – in Wien hatte sie Musik studiert – bezauberte uns, sondern ihre ganze liebenswerte Person schlich sich in dein Herz.

Die Funken junger Verliebtheit waren in eurem Zusammenspiel für jedermann spürbar. Wie gern wäret ihr ein Paar geworden. Aber da lerntest du ein anderes China kennen. Diese Seite zeigte dir eine so unglaublich fremde und für uns Deutsche nicht nachvollziehbare Weltanschauung und eine total andere Gefühlswelt. Swiu-Hoes Eltern sagten ein hartes, für uns verletzendes „Nein“ zu euren Wünschen und Gefühlen. Du kamst in ihrer Vorstellungswelt

Swiu Hoe – Schöne Blume

allein schon deshalb nicht in Frage, weil du außer dem Staatsexamen nichts vorzuweisen hattest. Zwar, und das erkannten sie sehr wohl, hattest du, genau wie ihre Tochter, ein Musikstudium absolviert, aber kein Geld, keinen Job, keine Sicherheit für eine gemeinsame Zukunft. Du warst in ihren Augen völlig unbedeutend! Für dich war diese chinesische Denkungsart unfassbar. Unverständlich war dir auch die Ergebenheit der gehorsamen Tochter Swiu-Hoe.

So kehrten wir mit unterschiedlichen Gefühlen nach Deutschland zurück. Vati hatte die ganze Reise genießen können, ich meine Ängste und Zweifel bald ablegen dürfen, während du „liebesbekümmert" noch eine Weile brauchtest, die Gefühle, Erlebnisse und Erkenntnisse zu verkraften und richtig in deine deutsche Denkweise einzuordnen.

Doch schon auf dem langen Rückflug halfst du dir energisch aus deinem Gefühlstief mit der trotzigen Feststellung heraus: „In diesem Land werde ich nie für immer leben wollen! Ich verstehe die Mentalität der Menschen einfach nicht!"

Ganz im Geheimen war damit meine mütterliche Welt wieder in Ordnung. Die Fürsorge für dich sollte uns also noch eine Weile erhalten bleiben. Aber nur, bis du einmal eine Partnerin finden würdest, warnte Vati mich.

Du hattest deine eigene Art von Zweifel dabei: „Wie soll ich denn eine Frau finden, wenn ich sie nicht ansehen und gewissermaßen aussuchen kann?"

„Denk an den kleinen Prinzen, Daniel!"[16]

---

16 *„Man sieht nur mit dem Herzen gut, das Wesentliche ist für die Augen unsichtbar."*
Aus „Der kleine Prinz" von Antoine de Saint-Exupery.

Du hast deinen Weg gefunden

Nach unserer Rückkehr aus Taiwan erwartete uns das ersehnte Ergebnis der Aufnahmeprüfung an der Musikhochschule:
„Prüfung bestanden! Zulassung zum Studium abgelehnt!“
Keiner der Dozenten wollte dich als seinen Studenten aufnehmen. Man befürchtete zu viel Arbeit, Unbequemlichkeiten und Zeitaufwand.
Nur mühsam beherrscht verließen wir den Ort tiefster Enttäuschung. Solch eine menschliche Schlappe hatten wir noch nie erleben müssen.
Als wir Tage später das offizielle Schreiben der Hochschule Hannover erhielten, triefend vor Komplimenten und Bewunderung, aber leider …, da hätten wir am liebsten mit Steinen nach ihnen geworfen.
Wir empfanden die letzten Sätze des Schreibens als puren Hohn: „Mit dem hervorragenden Abschluss in Herford werden Sie bestimmt bald eine Kantorenstelle finden, Herr Heinrich! Unsere guten Wünsche begleiten Sie!“
Dich beschlichen Enttäuschung und Selbstzweifel. Unsere Wut wandelte sich in die Gelähmtheit zunichte gemachter Hoffnungen. Unsere großen Kinder konnten unsere Schwäche nicht verstehen: „Ihr wollt doch nicht etwa aufhören zu kämpfen?“, fragten sie empört.
Aber wir waren es plötzlich leid. Zum Glück hielt diese Stimmung nicht lange an!
Du rührtest uns zu Tränen, als du still und ergeben sagtest: „Dann werde ich eben Masseur!“
Tief in uns hatten wir eine Aversion gegen diese Arbeit. In Taiwan war der Beruf des Masseurs der einzige, den nur Blinde ausüben durften. Zu unserer Zeit gab es Massagen kaum zu medizinischen Zwecken, sondern fast ausschließlich zum Wohl-

befinden und Genießen. Oft sah man Kinder ihre blinden Eltern zu den Häusern führen, in denen ihre Dienste gewünscht wurden, oder die Blinden gingen mit einer Klapper durch die Straßen, taten auf diese Weise ihre Dienstwilligkeit kund und wurden ohne große Umstände in die Häuser geholt.

Obwohl dieses Bild längst der Vergangenheit angehörte, deprimierte uns die Vorstellung, dass du die Ausbildung zum Masseur als Alternative zum Musikstudium ernsthaft in Erwägung ziehen könntest. Es war der Ausdruck allergrößter Ergebung in dein Schicksal.

Die Integration Behinderter in die Studien- und Arbeitswelt war noch längst nicht selbstverständlich!

Da rafften wir uns auf und begannen zu kämpfen, wenn auch zuerst nur gegen unsere Resignation.

Bewerbungen um Kantorenstellen wurden zusammengestellt und abgeschickt. Du bliebst ziemlich passiv und teilnahmslos, ein Zeichen, wie sehr du dich getroffen fühltest.

Aber wie vielen, vielen anderen Bewerbern ging es auch dir: Absagen, erst gar keine, aber schließlich doch einige Vorstellungsgespräche. Die Behinderung schreckte alle ab. Wer wollte schon einen blinden Kantor in der Gemeinde haben, der weder Auto noch Fahrrad fahren konnte? Deine tatsächliche Mobilität konnte sich niemand vorstellen.

Dadurch, dass Vati dich zu den wenigen Vorstellungsgesprächen begleitete, wurde es auch nicht besser. Ich mochte mich der ständigen Spannung nicht immer wieder aussetzen.

Ein, zwei, drei Vorstellungen in Kirchengemeinden endeten mit mehr oder weniger ungeschickten Begründungen, warum sie dich leider doch nicht einstellen konnten.

Wir änderten unsere Taktik. Beim Verschicken der Bewerbungen war ja auch immer zu lesen: „Ich bin blind."

Ab sofort batest du vor einer offiziellen Bewerbung zunächst um ein Vor- und Informationsgespräch vor Ort. Du musstest ja auch für dich selber entscheiden, ob dir die Bedingungen zusagten. Wenn ja, hattest du immer eine Bewerbung dabei und deine jeweiligen Gesprächspartner waren dann auch mit deinem Handicap konfrontiert.

Eines Tages hattest du ein Telefongespräch mit Pastor Schoon-Janzen aus Munster. Er wusste natürlich nichts von deiner Blindheit, gab dir bereitwillig Auskunft, hatte aber selbst auch einige Fragen, wie zum Beispiel: „Haben Sie einen Führerschein?“

Auf dein „Nein“, riet er dir, den doch zu machen, weil du ein Auto brauchen würdest, aber du mögest dich ruhig bewerben.

Das tatest du, und obwohl sie beim Lesen deiner Unterlagen erfuhren, warum der Führerschein fehlte, lud man dich zu einem offiziellen Vorstellungsgespräch ein.

Nach einem Tag voller Spannung kam dann die Entscheidung.

Die Kirchengemeinde St. Urbani in Munster gab dir die Stelle als Kantor! Deine Arbeit begann am 1. November 1993.

Wir konnten dein Glück kaum fassen!

Warst du hier nicht schon als zweijähriger neugieriger Fratz herumgekrochen?

Ja, und eine der Kirchenvorsteherinnen hatte damals besorgt gefragt: „Was kann aus so einem Menschenkind werden?“

„Ihr Kantor, Frau Meyer!“, stellten wir dich ihr jetzt vor, denn die besorgte Frau war noch immer im Amt und konnte sich auch noch an den kleinen Zweijährigen erinnern, der damals beeindruckt dem Klang in der Kirche gelauscht hatte.

Auf wundersame Weise hatte sich ein großer Lebenskreis für dich geschlossen, und insgeheim dachten Vati und ich etwas milder über die Entscheidung der Musikhochschule Hannover. Für einen Augenblick waren wir wohl zu kleingläubig gewesen. Jetzt sagte er wieder einmal ganz schlicht: „Der Herr wird es richten!“

1993
Kantor an der St. Urbani-Kirchengemeinde in Munster

Nun wurde es ernst. Dein Aus- und Umzug von Zuhause waren endgültiger als die vorangegangenen. Eigentlich ganz normal, denn schließlich geht es doch allen Eltern mit ihren flügge und selbstständig werdenden Kindern so. Dennoch merkwürdig, weil mich andere gravierende Sorgen und Ängste plagten.

Das Wichtigste war, eine Wohnung zu finden, die deinen Bedürfnissen entsprach. Zum ersten Mal würdest du allein leben, ohne Internatsordnung und ohne Kommilitonen um dich herum. Wochenlang lief ich in Munster mit einer langen Liste herum, mit Dingen, die mir in der Vorbereitung auf deine Selbständigkeit wichtig erschienen, und hakte seufzend Punkt für Punkt ab. Nur meine mütterlichen Ängste ließen sich nicht abhaken.

Vati belächelte mich gutmütig und meinte, dass er mich in unserem langen Zusammenleben mit so vielen Kindern noch nie als „Glucke“ erlebt habe.

1993 – An der Orgel der St. Urbani-Kirche in Munster

Dann war die Wohnung gefunden, und wieder begann der Computer- und Mikrowellentransport. Beides war so etwas wie ein Symbol für deine wachsende Eigenständigkeit geworden. Es waren aber noch etliche andere Transporte nötig, um alles für dich herzurichten.

Die warmherzige Art deiner Hauswirtin nahm mir dann eine Menge mütterlicher Sorgen ab. Eine ganz wesentliche war, du könntest möglicherweise verdorbene Lebensmittel im Kühlschrank haben. Sie würde ein wenig darauf achten, versprach sie. Außerdem war sie bereit, dich anfangs immer zur Kirche zu bringen, deinem zukünftigen Hauptarbeitsplatz.

Aber deine Mobilität wurde zum Aha-Erlebnis in der Gemeinde. Auch in Munster leistete deine immer mal wieder zur Verfügung stehende Mobilitätstrainerin gute Arbeit. Dein bemerkenswerter Orientierungssinn tat ein Übriges. Ab sofort konntest du deine Einkäufe entsprechend organisieren. Vati kümmerte sich mit Nachdruck um ein Telefon für dich. Er behauptete, zu meiner Beruhigung, aber natürlich wusste ich, dass es für deine nun beginnende Arbeit unverzichtbar war. Es war für dich das wichtigste Kommunikationsmittel. Anders als bei Sehenden, die sich notfalls schnell mal ins Auto setzen konnten.

So lief doch alles ganz gut an.

Und wieder gab es einen erhebenden Augenblick für uns, als deine Probezeit in Munster beendet war und du offiziell in die Gemeinde „eingeführt" wurdest. Vati hielt die Predigt in dem feierlich gestalteten Gottesdienst.

Und ich entspannte mich allmählich.

Wir reduzierten unsere Besuche in Munster. Vati mit Bedacht, ich leider immer noch mit Zögern. Als des Kantors Eltern waren wir aber auch in der Gemeinde willkommen, und Vati wurde hin und wieder gebeten, einen Gottesdienst zu halten. Ihr hattet wei-

terhin wertvolle Gespräche, und du erhieltest wertvolle Hinweise und Ratschläge von ihm.
Wir dankten Gott von ganzem Herzen.
Was uns auch von Herzen freute, war, dass du alles Gute, das dir zuteil wurde, auch mit offenem Blick dankbar erkanntest. Menschliche Kontakte und die nun schon über zehn Jahre berufliche Akzeptanz in Munster bestimmten deinen Tagsablauf.

Und dann war da plötzlich Franziska an deiner Seite.
Wie hatte Vati gesagt, als du dich in Taiwan von deiner „schönen Blume" trennen musstest?
„Denk an den kleinen Prinzen!"
Du, kleiner Prinz, hattest sie gefunden, die Partnerin fürs gemeinsame Leben.
Meine hausfraulichen Tätigkeiten in deiner Wohnung erübrigten sich. Aber leider doch nicht für immer. Die Entscheidung, euch nach einigen Jahren des Zusammenlebens wieder zu trennen, fiel euch nicht leicht, war aber sicher die richtige. Ihr trefft euch noch heute manchmal zu gemeinsamen musikalischen Aktivitäten und pflegt freundschaftliche Kontakte.

Du bist inzwischen schon fest in die Kirchengemeinde integriert. Wir erlebten deinen Alltag mehr oder weniger direkt mit, nahmen gern an besonderen Gemeindeaktivitäten wie Festen, Feiern und Konzerten teil und genossen es, wenngleich es für uns noch einen weiteren, wie wir meinen, sehr wichtigen Grund gab. Mit unserer häufigen Präsenz wollten wir dir „den Rücken stärken". Es passierte doch häufig, vor allem in jüngeren Jahren, dass man den kleinen blinden Chinesen einfach nicht ernst genug nahm. Dann waren wir immer zur Stelle, wir und deine Geschwister! Sie standen hinter dir, schrieben für dich, redeten für dich, berieten dich und standen bereit, dich zu fahren, wohin es auch immer gehen sollte. Das waren Praktiken, die dich immer unterstützen sollten. Merkwürdig: Während bei mir immer die mütterlichen Empfindungen im Vordergrund standen, bewiesen deine Geschwister schon als Kinder ein Gefühl für die Praxis.

Dass du einmal Kirchenkantor werden würdest, ahnten wir in deiner Kindheit noch nicht, dass dir aber Musik bereits als ganz kleiner Junge viel Freude machte, ließ uns hoffen, dass deine Zukunft vielleicht einmal in der Musik liegen würde.

Nun bist du in Munster zu Hause, in der Gemeinde bekannt und anerkannt. Unsere anfänglichen Sorgen sind der beruhigenden Gewissheit gewichen, dass du hier deinen Platz gefunden hast. Du bist musikalisch weit über das hinausgewachsen, was wir dir gewünscht haben. Du hast durch Fortbildung und Zusatzausbildung deine Begabung genutzt, singst und spielst in Konzerten außerhalb deines Dienstbereichs, du wirst engagiert! Toll!

Allen, denen es zu lästig war, dich weiter zu fördern, müssten die Ohren klingen oder sie müssten wenigstens ganz leise für sich sagen: „Den Heinrich haben wir wohl unterschätzt!“

Aber wir sind längst ausgesöhnt mit der unzulänglichen Beratung und Entscheidung der damaligen Dozenten an der Musikhochschule in Hannover. Sie wussten es wohl nicht besser. Sie kannten deinen starken Willen nicht!

Du hast einen, und wie wir meinen, *deinen* Platz gefunden und füllst ihn mit all deinen Möglichkeiten gut aus. Inzwischen wissen wir, dass Thomas Quasthoff, deinem einstigen „Chorbruder“ in der Michaeliskirche in Hildesheim und deinem Vorgänger am Andreanum, eine ähnliche Entscheidung der Hochschule in Hannover zuteil wurde. Die Zauderer müssen sich doch jedes Mal schämen, wenn sie den begnadeten Sänger in großen internationalen Konzerten oder von den vielen Preisen und Auszeichnungen hören, die er bekommt.

Integration ist noch immer schwer begreifbar und noch schwerer durchführbar.

Inzwischen bist du seit 15 Jahren Kantor in Munster. Das ist eine lange Zeit, gemessen an deinen vierzig Lebensjahren. Leider kann dein Vater sich nicht mehr daran erfreuen, denn er lebt nicht mehr. Es fällt mir nicht leicht, jetzt allein über dich zu wachen, doch deine Selbständigkeit enthebt mich dieser Pflicht immer mehr, und deine Geschwister sind auch stets für dich da. Ich bin dankbar für diese Familie.

Man sollte meinen, dass du in Munster nun zur Ruhe gekommen bist. Doch, was ist „Ruhe“ für dich? Höchstens Sicherheit, auf keinen Fall aber Untätigkeit. Du hast immer noch neue Ziele!
Das gekürzte Gehalt, wie es jetzt in so vielen Branchen üblich ist, brachte dir zwar weniger Geld, dafür aber auch zwei freie Tage in der Woche ein. Du hast sie über fünf Semester sinnvoll genutzt, indem du in Herford ein Studium zur Erlangung der Konzertreife im Fach „Orgelimprovisation“ machtest. Wieder mit einer bemerkenswert guten Abschlussnote.
Eigentlich sollte ich das gar nicht mehr erwähnen, denn alles, was du planst und dann natürlich auch angehst, führst du perfekt durch. Musik nimmt einen großen Teil deines Lebens ein. Was du darauf aufbaust, gelingt eben.
Die Schulung deiner Stimme beschert mir so manchen wunderbaren Augenblick, ganz gleich, ob du in Oratorien singst oder im Gospelchor.
Irgendwann zwischendurch machtest du nämlich auch noch in Plön eine zweijährige berufsbegleitende Ausbildung für Popular-Musik. Dass du hier Jahrgangsbester wurdest, sei nur am Rande erwähnt.
Viel bemerkenswerter ist wohl dein Interesse und die gewonnene Freude an den stilistisch vielfältigen Gestaltungsmöglichkeiten in unseren heimischen Kirchen, eine Bereicherung für dich, den Kantor einer großen Gemeinde.

Ende gut, alles gut!

Ich denke über das nach, was schnell mal so dahingesagt wird.
Ist es ein leichtfertig benutzter Satz oder benutzen wir ihn nur so erleichtert und zufrieden, weil in diesem Moment wieder eine Sorge von uns genommen wurde?
Da überwiegt dann das Gefühl, mit „dem guten Ende“ die Gegenwart wieder genießen zu können.
Vor dem Ende muss jedoch ein Anfang sein. Und der war, als wir dich damals in den Arm gelegt bekamen. So hilflos, so erbarmungswürdig! Ein erschreckender Anfang.
Seitdem haben wir mit dir eine Bereicherung erlebt, bei der uns bewusst geworden ist, was „reich sein“ heißen kann.
Es waren nicht nur Glücksmomente, aber sie haben uns geprägt – das Leben deiner Geschwister, deiner Eltern und all derer, die in deinem Umfeld waren.
Das ist gut.
Es ist aber nie ein endgültiges Ende abzusehen! Es geht immer weiter mit uns – mit allem Schönen und Traurigen, mit Erschreckendem und Beglückendem.
Kein „Ende“ also, aber auch niemals „alles gut“!
Dein Vater und ich haben unser Leben angenommen, waren dankbar für Lieben und Leiden, für Gut und Böse. Und darin eingehüllt waren immer unsere Kinder, die nun schon einen langen Weg mit uns gehen.
Mit Dankbarkeit erkennen wir, sie brauchen nicht auf das „Ende“ zu sehen, um diesen Weg „gut“ zu finden.

Seit einiger Zeit gestaltest du nun schon jedes Jahr ein Konzert für mich. Ein Anlass lässt sich leicht finden. So auch das Herbstkonzert anlässlich deiner silbernen Konfirmation, das für mich nun der Anlass zu einer Rückbesinnung auf dein fast vierzigjähriges Leben wurde. Ich genieße es immer voller Stolz. Auch wenn ich traurig bin, dass der Platz an meiner Seite nun leer ist, und dass ich all das nicht mehr mit Vati teilen kann.

Und indem ich Tränen darüber zulasse, gewinne ich wieder an Kraft und Zuversicht. Ich bin voller Dank für eine Familie, in der euer Vater so entscheidend euer aller Leben geprägt hat.

Kinder, eine Gabe Gottes, haben uns reich gemacht, denn wir hatten viele. Ich möchte ihnen von Herzen danken, dass sie da sind und dass sie mein Leben – nun schon mit heranwachsenden Enkelkindern – weiter begleiten.
Für sie bitten zu können und ihnen danken zu dürfen, ist ein beglückendes Geschenk für mich.

Kirche St. Urbani in Munster

Inhalt

Orgelspiel	5
Taiwan – eine andere Welt	15
Heimaturlaub	51
Durchblick – Anblick	63
Unser jüngster Sohn	76
Der „Ernst des Lebens“	102
Integration	117
Lern- und Wanderjahre	133
Musik bestimmt dein Leben	161
Du hast deinen Weg gefunden	177
Ende gut, alles gut!	186

Brunhilde Heinrich

Latschenkuchen nach Art des Hauses

Heitere Erinnerungen
an die Jahre
im Nachbarschaftsheim
„Am Pferdeanger“

Der Diakon Christian Heinrich und seine Ehefrau, die Krankenschwester Brunhilde Heinrich, übernahmen 1958 ein Nachbarschaftsheim in Hildesheim.
Das hört sich harmlos an, doch wenn man erfährt, dass dieses Haus mitten in der Obdachlosensiedlung „Am Pferdeanger“ und dem daneben liegenden Lagerplatz für Sinti gebaut werden sollte, dann kann man sich vielleicht vorstellen, was alles auf die beiden zukam.
Beide, 33 und 27 Jahre alt, waren arglos und ahnten nicht, welch haarsträubende Geschichten sie erleben würden.
Brunhilde Heinrich erinnert sich an diese Jahre von 1958 bis 1966, in denen sie wahrlich eine Menge Not und Elend erlebten und an der Aufgabe manchmal zu verzweifeln drohten. Doch der unerschütterliche Glaube an die Kraft Gottes, gab ihnen immer wieder die Stärke, nicht selbst daran zu zerbrechen.
Aber die Zeit lässt bekanntlich alle traurigen Erlebnisse verblassen, und so steht in diesem Buch der Humor im Vordergrund.

ISBN 978-3-935928-12-0 – Hottenstein Buchverlag Sibbesse

Brunhilde Heinrich

Moskitos sind Mücken auf Deutsch

Vergnügliche und besinnliche Briefe und Erlebnisse aus der Missionszeit in Taiwan

„Moskitos, das sind Mücken auf Deutsch, und Tiere gibt es hier unzählbar: Mäuse, Kakerlaken und Eidechsen in rauhen Mengen..."
Die kindliche Feststellung einer Neunjährigen, die mit ihren Eltern und Geschwistern in einen völlig anderen Lebensraum von Land und Leuten, Kultur und Klima hineinkommt, macht den Leser neugierig auf weitere Beobachtungen und Berichte. Dem exotischen Flair kann man sich nicht verschließen, genausowenig wie den realistischen Alltäglichkeiten, von denen das Kind sagt: „Hier ist alles anders, die Menschen sind anders, die Häuser und und ..."
Das Ehepaar Heinrich lebte mit seinen Kindern sechs Jahre in Taiwan. Sie arbeiteten dort im Auftrag der Hildesheimer Blindenmission. Zu ihren drei eigenen Kindern kam noch ein blindes chinesisches Findelkind dazu. Daniel Y-Ming wurde von der Familie adoptiert und blieb darüber hinaus das Bindeglied zu Taiwan. Die Verbundenheit und Freundschaft zu dem Land und seinen Menschen wurde die Grundlage zu diesem Buch. In ernster, aber doch überwiegend schmunzelnder Intensität berichtet Brunhilde Heinrich in ihren Briefen von den Hochs und Tiefs einer verantwortlichen Arbeit, die ihren Charme darin birgt, daß dieses alles schon vor 30 Jahren geschah.
„Und wenn sie köstlich gewesen sind, dann ist es Müh' und Arbeit gewesen." Es waren köstliche Jahre.

ISBN 978-3-935928-00-7 – Hottenstein Buchverlag Sibbesse

Brunhilde Heinrich

Sonntags sind es immer viele

Heitere und besinnliche Erinnerungen einer Pastorenfrau

Als Christian und Brunhilde Heinrich mit drei eigenen Kindern und dem blinden Adoptivsohn Daniel nach sechsjähriger Missionstätigkeit in China nach Deutschland zurückkamen, musste ihr Leben hier wieder völlig neu geregelt werden. Christian Heinrich ließ sich in zwei Jahren zum Gemeindepastor ausbilden, und Brunhilde wurde etwas, was sie nie werden wollte: Pastorenfrau.

Das Buch schildert in humorvoller Weise ihre Erlebnisse in dem kleinen niedersächsischen Dorf Woltershausen, in dem sie mit ihrem Ehemann 16 Jahre lang bis zu seiner Pensionierung lebte.

Sie wurde nicht nur „Pastorenfrau“ mit Leib und Seele, sondern betreute in diesen Jahren auch noch bis zu acht Pflegekinder gleichzeitig, die ihr von den Jugendämtern in Hildesheim und Alfeld anvertraut wurden. Neben ihrem blinden Adoptivsohn hatte sie auch noch einen gehörlosen Pflegesohn, so dass sie nicht nur die Braille-Schrift (Blindenschrift) sondern auch noch die Gebärdensprache lernen musste. Kein Wunder, dass es in dem turbulenten Pastorenhaushalt manchmal hoch her ging.

Als der Küster der Kirchengemeinde einmal gefragt wurde, wie viele Kinder der Pastor eigentlich habe, wiegte er sein graues Haupt bedächtig hin und her und sagte zögernd: „Genau weiß ich das auch nicht! Aber sonntags sind es immer viele!“

ISBN 978-3-935928-09-0 – Hottenstein Buchverlag Sibbesse

Brunhilde Heinrich

Mein linker Platz ist leer

Wunderbare Erinnerungen an ein reiches Leben

Vierundvierzig lange Jahre begann jeder Tag hier im Schlafzimmer mit dem gemeinsamen Erwachen, wiederholte sich der morgendliche Ritus des sich liebevollen Zuwendens, das Tasten nach des Partners Hand.

Vorbei! Der linke Platz neben mir ist leer.
Mit geschlossenen Augen höre ich in mich hinein, traurig, ratlos, hilflos und so schmerzhaft einsam! Schutzsuchend drücke ich mich in die Kissen zurück, wehre aber den hervordrängenden Tränen nicht. Vorbei! Vorbei!
Wie lange noch wird mich dieses Wort lähmen, geradezu beherrschen und mich in meiner Trauer trennen von dem pulsierenden Leben, das unmittelbar bereits vor meiner Haustür beginnt?
Kann ich je den Schritt über die Schwelle tun? Kann ich je allein gehen?
„Leben", hat Christian immer gesagt, „das ist die Familie, das sind unsere Freunde, die Nachbarn, ist Arbeit, und das alles zusammen ist unser kostbares Gut!"
Ja, Christian, du hast recht: „Diese Kostbarkeit will ich uns erhalten und pflegen!", sage ich entschlossen. Trotzdem ist es ein mühevoller Weg!

Für ihr Lebenswerk wurde Brunhilde Heinrich am 22. November 2004 vom Bundespräsidenten Horst Köhler das Bundesverdienstkreuz 1. Klasse verliehen.

ISBN 978-3-935928-23-6 – Hottenstein Buchverlag Sibbesse